G

咕
噜
GuRu

发现，发声

寻迹古中国2

翟德芳 著

上海三联书店

图书在版编目（CIP）数据

寻迹古中国. 2 / 翟德芳著. -- 上海 ：上海三联书
店，2025. 8. -- ISBN 978-7-5426-8900-9

Ⅰ. K87-49

中国国家版本馆CIP数据核字第2025BW8891号

寻迹古中国2

著　　者 / 翟德芳

责任编辑 / 匡志宏
装帧设计 / ONE→ONE Studio
监　　制 / 姚　军
责任校对 / 王凌霄

出版发行 / 上海三联书店
　　　　　 （200041）中国上海市静安区威海路755号30楼
邮　　箱 / sdxsanlian@sina.com
联系电话 / 编辑部：021-22895517
　　　　　 发行部：021-22895559
印　　刷 / 山东新华印务有限公司

版　　次 / 2025年8月第1版
印　　次 / 2025年8月第1次印刷
开　　本 / 890mm×1240mm　1/32
字　　数 / 188千字
插　　页 / 16页
印　　张 / 10.5
书　　号 / ISBN 978-7-5426-8900-9 / K·834
定　　价 / 78.00元

敬启读者，如发现本书有印装质量问题，请与印刷厂联系0538-6119360

序言

在浩瀚的历史长河中，中国，这片古老而神奇的土地，孕育了璀璨的文明，留下了无数令人叹为观止的文化遗产。它们如同散落在广袤大地上的璀璨星辰，虽历经风雨侵蚀，却依旧熠熠生辉，诉说着过往的辉煌与沧桑。

正所谓伟大也要有人懂，中华文明的辉煌与沧桑需要从不同角度、以多种形式介绍给广大的读者，这也正是我对《寻迹古中国》颇为赞赏的原因。《寻迹古中国》，顾名思义，是一次追寻古老足迹的旅程，它不仅仅局限于文字的记述与图片的展示，更是一场心灵与历史的对话，是一次中华文明的普及之旅。作者以敏锐的洞察力、深厚的学术功底以及对文化遗产的无限热爱，穿梭于古城遗址、古墓葬群、石窟壁画之间，将考古、历史、文化、艺术等多个领域的知识融为一体，构建起一幅幅生动立体的古中国文明图景。

《寻迹古中国》的魅力，不仅在于对文物古迹的介绍，更在于通过生动的叙述和深入的剖析，让读者理解这些遗迹背后的故事——那些关于权力更迭、文化交融、民族兴衰的宏大叙事，以及个体命运、家族传承、工匠精神等微观层面的细腻描述；尤为难得的是，其中还穿插了考古学者们对古代遗迹的调查与发掘中的长期坚持与迭代努力的学术传承。这些故事，如同历史长河中泛起的朵朵浪花，虽微小，却生动。

本书作者本是吉林大学历史系考古专业七八级学生，是我的学弟，是一位考古科班出身的出版人。德芳兄大学毕业后就进入出版行业，长期深耕于文化和学术出版，以其独到的眼光，挖掘并推广了众多优秀的文化作品。他在四十多年的出版生涯中，深深了解到，在快节奏的现代生活中，人们对于历史文化的渴望与追求并未减退，反而愈发强烈。在这个意义上，今天不仅需要有精深的学术出版物，还要有高质量的面对普通大众的文化出版物。

正是从这种需求出发，德芳兄基于自己的考古学理论基础和丰富的文物知识，行走于北部中国，写出了《寻迹古中国》。严格的考古学训练，使得他能够游刃有余地将学术研究的严谨性与出版工作的创新性相结合。他不仅能够准确解读考古发现背后的历史信息，还能够以生动有趣的笔触，将这些复杂的历史知识转化为普通读者易于接受和理解的内容。因此，《寻迹古中国》不仅是考古普及书，更是德芳兄作为资深出版人和考古学者双重身份下的精心之作。读者诸君可以通过书中深入浅出的叙述方式，进一步亲近并了解我们伟大的古中国文明。

我欣喜地看到，本书是德芳兄退休之后再续考古之缘的作品，未来他还有更多的寻访计划。相信在他的引领下，会有更多人迈进古中国的历史长河，感受那份跨越千年的文化魅力。

总之，《寻迹古中国》值得每一位热爱历史文化、渴望探索未知世界的读者细细品读。让我们跟随作者的脚步，一起踏上这场寻迹之旅！或许，我们会发现，那些看似遥远而陌生的历史，其实早已融入我们的血脉之中……

中国考古学会前理事长

中国社会科学院学部委员，一级研究员

2024年9月

目 录

中州大地访古行

洛阳、西安古都行

在我的访古行程规划中，河南、陕西是第二阶段要重点访问的地域。2023年11月，因疫情阻隔、在美国多年未回国的女儿携夫婿回国，并要在国内逗留两周以上，我就问他们，想到京外哪里转转？地道的德国移民后裔、从未到过中国的洋女婿对秦始皇陵兵马俑极为向往、提出想要去看秦兵马俑，而女儿则是因为工作和兴趣所在，想到白马寺拜访。他们的愿望当然必须满足。这两个地方分别位于古都西安和洛阳，是文物古迹最丰富的城市，读过考古专业的我理当陪同前往，因此有了我们全家的洛阳、西安之行。

因为时间有限，我这次没有开车前去，而是选择乘坐高铁，由北京出发，先到洛阳，然后到西安。洛阳和西安都被称为"十三朝之都"，各自有多处世界文化遗产，我们不可能全都访看，只能各自选择几处距离城市中心比较近的遗址和古迹访问。

在二里头遗址思考夏代

到达洛阳之后，我们首先去看了白马寺。白马寺位于洛阳市瀍河回族区白马寺镇310国道边，始建于东汉永平十一年（公元68年），是佛教传入中国后兴建的第一座官办寺院，又是中国、越南、朝鲜、日本及欧美国家佛教界的"释源"和"祖庭"，但今天白马寺的建筑大体上都是后代续修的，在我看来，除了宗教意义，其实"访古"的价值不大。

但洛阳有一个我必定要去访问的地方，这就是二里头遗址。其原因倒不是由于它的"夏都"的定义，而是出于我对它四十年的景仰。我上大学时，商周考古，第一课讲的就是二里头遗址；我负责编辑的《中国大百科全书·考古学》商周考古分支，"夏文化问题"和"二里头遗址"都是重要条目；而在三联书店工作时，又出版了许宏的《何以中国》，书中讨论的主要是二里头的发现与意义。由于二里头遗址与白马寺距离不远，所以出了白马寺，我立刻奔往二里头遗址。令人高兴的是，二里头遗址已经建成恢宏的博物馆，所以访问起来就更加方便了。

众所瞩目：二里头遗址的发现发掘史

从《史记》开始，传统上，讲中国历史，往往是从三皇五帝开始，讲到夏商周、春秋战国，然而五四运动后出现的古史辨学派推翻了传统的"盘古开天地""三皇五帝"等概念构成的中国古史系统。顾颉刚先生提出了著名的"层累地造成的中国古史"的观点，着重考察了中国古代思想文化的源头，认为"时代愈后，传说中的古史期愈长"，"时代愈后，传说中的中心人物愈放愈大"。在这一思想指导下，许多学者认为夏朝不能确认，最有名的说法 "禹是一条虫" 则根本否定了大禹的存在。在国外，以前的西方学者因为没有发现夏代和商代的文字，便否定夏商的存在，主张"东周之前无信史"。

1899年甲骨文的发现和1928年安阳殷墟的发掘，证实了殷商的存在，有学者据此认为《史记·夏本纪》也应为信史，因此，在20世纪50年代，考古界就提出了"夏文化探索"的课题。1959年夏，著名考古学家徐旭生先生率队在豫西调查"夏墟"，发现了二里头遗址，夏文化探索从此展开。

此后考古工作者对二里头遗址进行了持续的考古发掘，取得了一系列重大收获。发掘探明，二里头遗址范围为东西最长约2400米，南北最宽约1900米。包含的文化遗存上至距今5000年左右的仰韶文化，下至东汉时期，但其兴盛时期的年代为公元前18世纪至公元前16世纪，也就是在文献记载的夏代纪年范围内，考古学界将这一阶段的文化遗存称为"二里头文化"。

在60多年里，今中国社会科学院考古研究所二里头工作队对遗址的发掘先后有阶段性的成果：20世纪60年代初至70年代末，建立起二里头文化一至四期文化框架序列，1号、2号宫殿基址的存在确定了该遗址的都邑性质；80年代至90年代，一系列的抢救性发掘发现了多处建筑遗址和墓葬，出土大量陶器、青铜器、玉器、漆器、绿松石器等；90年代至今，在宫殿区发现并清理数座大型建筑基址，在宫殿区外围发现了纵横交错的大路、宫城城墙、大型夯土墙、绿松石器制造作坊、中国最早的双轮车辙使用痕迹等重要遗存，尤其是在2003年，在遗址宫殿区发现了面积逾10万平方米的宫城。

在多年发掘的基础上，2020年公布了二里头遗址考古新发现，认为二里头都城极可能是以纵横交错的道路和围墙分隔形成多个网格，每个网格应属不同的家族，可能已出现家族式分区而居、区外设墙、居葬合一的布局。2022年9月，国家文物局"考古中国"发布河南洛阳二里头遗址考古发掘新成果，确认二里头遗址的新发现，认为这里严谨、规整的规划布局显示社会结构分明、等级明显，统治格局井然有序，暗示当时有成熟发达的统治制度和模式，是进入王朝国家的最重要标志。

都邑气象：二里头的遗迹遗物

二里头遗址沿古洛河北岸呈西北—东南向分布，东西最长约2400米，南北最宽约1900米，北部被今洛河冲毁，现存面积约300万平方米，估计原聚落面积应在400万平方米左右。其中心区位于遗址东南部稍高起的区域，包括宫殿区和宫城（晚期）、祭祀区、围垣作坊区和若干贵族聚居区等重要遗存；西部地势略低，为一般性居住活动区，常见小型地面式和半地穴式房基以及随葬品以陶器为主的小型墓葬。

遗址中已发现30多座夯土建筑基址，是迄今为止中国发现的最早的宫殿建筑基址群。其中最大的1号宫殿建筑基址平面略

绿松石龙形器出土状况

呈正方形，面积达1万多平方米。复原后，1号宫殿建筑基址的主殿为"四阿重屋"式的殿堂，殿前有数百平方米的广庭，主殿四周有回廊。大门位于南墙的中部，其间有3条通道。时代较早的3号宫殿基址属二里头文化第二期，被2号宫殿基址叠压，南北窄长，由三重庭院组成。5号基址总面积也超过2700平方米，由至少四进院落组成，每进院落都有主殿和贵族墓葬，年代亦为二里头文化第二期。如此规模宏伟的宫殿建筑，只有使用大量劳动力才能建成，证明当时的生产力水平已经达到了相当高的程度。

二里头遗址发掘的墓葬有数百座，但规模较大者仅1座，位于2号宫殿夯土基址的北部正中。这里的墓葬规模虽然不大，但随葬品十分丰富，其中也不乏精品，尤其是那座规模较大的贵族墓中出土的大型绿松石龙形器，全长逾70厘米，由2000余片形状各异的细小绿松石片粘嵌而成，其用工之巨、制作之精、体量之大都十分罕见，具有极高的价值。

二里头遗址发掘出的手工业作坊，包括铸铜、制玉、制石、制骨、制陶等行业。青铜爵、青铜斝是中国发现最早的青铜容器。这些合范铸造的青铜器，标志着中国青铜器铸造进入了新纪元。遗址中出土的数件镶嵌绿松石的兽面铜牌饰是中国最早的铜镶玉石制品，制作精美，表现出了极其熟练的镶嵌技术，是不可多得的艺术珍品。二里头遗址的玉器数量丰富，风格独具，器形多样，多为礼器，其中的大型玉刀、玉璋、玉戈显然具有很高的等级。

二里头的陶器以夹砂灰陶和泥质灰陶为主，纹饰以绳纹为主，包括深腹罐、圆腹罐、鼎、甗、鬲等炊器，平底盆、三足皿、豆、簋等食器，鬶、盉、爵、觚等酒器，以及深腹盆、大口尊等容器，双联鼎、鼓形罐、象鼻盉等器物，极富特色。

二里头遗址出土文物

陶堆塑龙纹透底器

乳钉纹铜爵

陶质象鼻盉

嵌绿松石兽面纹铜牌饰　　　　网格纹铜鼎

争论聚焦：二里头是夏都吗？

尽管目前学术界的主流意见把二里头认定为夏都，新建的二里头遗址博物馆也命名为"二里头夏都遗址博物馆"，但是关于二里头遗址的时代和性质还是存在争论的。争论的要点，除了是否应该定为夏都，还有二里头文化堆积与夏文化之间的关系。关于后者，有两种意见：一是二里头一期至四期均为夏文化，四期的部分时期或者全部为夏遗民遗迹；另一种意见认为遗址的第一、二期是夏文化遗址，第三、四期是商汤都城的遗址。

争论的产生基于两点，一是文明出现的标准，二是二里头四期遗存的年代。关于文明出现的标准，过去一直是以柴尔德提出的文明的"三要素"——冶金术、文字和城市的出现为标志。传统上，学术界是把夏代作为国家产生之始，也就是说，从夏代开始，中国进入文明社会，而现实情况是在被认定为夏代遗址的遗存中，始终没有发现文字，所以就有人认为，中国进入文明社会的时间应该从商代起计算，如此说来，夏都当然是不成立的。

关于二里头遗址四期文化的年代是这样的：二里头一期，为公元前1735年—前1705年；二里头二期，为前1705年—前1635年；二里头三期，为前1635年—前1565年；二里头四期，为前1565年—前1530年。因为这个年代与传统上夏代纪年（公元前2070—前1600）碰不上，二里头第三期后段和第四期实际上落入商代的纪年范围内，所以出现了前述的分歧意见。

实际上，我们可以抛开二里头来讨论这两个问题。关于进入文明社会的标准，是否有文字并不一定是必须的，比如美洲的印加文明就没有文字，但谁也不能否认其是文明。近年中国学术界提出了进入文明社会的中国标准，是出现城市、出现阶级、出现国家，而出现国家的特征，是都城、宫殿神庙、大型墓葬、礼制、战争与暴力等的出现。按照这个标准，中国在公元前3000年前甚至更早，在红山文化和河姆渡文化中已经出现文明的萌芽，而在公元前2300年前后，如山西陶寺和陕西石峁这样的巨型都邑已经出现，可以肯定地说是进入了文明社会，比夏代开始的公元前21世纪还要早200多年。

另一方面，我们在考古学意义上对古代文化的认识还不能说是到位的，尤其是对夏代前后的历史的了解还是很不充分的，比如夏代初年的"万国"是个什么分布状况？夏王朝的统治地域到底在哪里、面积有多大？夏国的首都有几处、都在哪里？历代夏王的继承顺序和在位年代如何？是否能把二里头文化分布区与夏王朝等同？如果这些问题不能解答，匆忙地先认定一个夏都其实意义不大。

当然，二里头遗址的发现和发掘具有十分重要的意义。以二里头遗址为代表的二里头文化，以其高度辉煌的王朝气象、高度发达的控制网络和统治文明，成为距今3800—3500年前后东亚地区的核心文化、广域王权国家。二里头遗址的宫殿建筑，形制和结构都已经比较完善，其他如纵横交错的中心区道路网、方正规矩的宫城和具有中轴线规划的建筑基址群，都表明这里是一处经缜密规划、布局严整的某个国家的大型都邑，标志着它已经进入了很高的文明阶梯。确立了这一点已经足矣！至于它是不是夏代的首都，其实已经不太重要了。

访洛阳唐城，话则天武后

洛阳号称"十三朝之都"，不说被称为"夏都"的二里头遗址和偃师商城以及那些小王朝，从公元前1046年西周代殷、开始在洛阳营建国都起，就先后有东周、东汉、隋、唐等朝代以洛阳为都，尤其是天授元年（690）武则天改唐为周，自立为皇帝，定都洛阳，开始了洛阳最辉煌的时期。

时代不同，各朝代都城的位置并不在一处，最早的二里头遗址和偃师商城都在洛阳城东20多公里的偃师区，东周王城在今洛阳王城公园一带，汉魏洛阳城则向东移到距洛阳约15公里的洛河北岸，到隋唐时，洛阳城的位置大体与现代城市重合。因为这个原因，我到达洛阳，当晚就先去看了城中心的隋唐应天门遗址。夜色中，景区灯光璀璨，十分壮观，然而晚上观看究竟不便，所以我于第三天又来到应天门和明堂景区，细细访看隋唐洛阳城宫城区遗址，由此也有了更多感慨。

东都洛阳：武则天的神都

隋唐洛阳城位于洛阳市城区及近郊，跨洛河两岸，南对伊阙，北依邙山，东逾瀍河，西临涧水。整个城市包括郭城、宫城、皇城等部分，面积约47平方千米。

外郭城南宽北窄，略近方形。城墙全部用夯土筑成，东西两墙下面发现有石板砌的下水道。外郭城有8个城门，只有西墙无门。城内街道纵横相交，形成棋盘式的布局。城内里坊，据文献记载，并结合考古钻探，总数为109坊3市。已勘查出洛河以南的55个坊和洛河以北的9个坊，其余各坊市为今城所压或被洛河冲毁。

宫城位于郭城西北部的稍高之地，隋代名为紫微城。唐贞

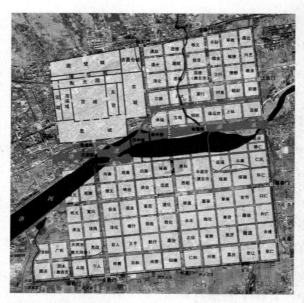

隋唐洛阳城里坊图

观元年，太宗改名洛阳城。其平面略呈长方形，在宫城中轴线上发现多处大片夯土殿址，西部已发掘出多处长方形基址和一处石砌圆形基址。宫城内武则天时的明堂遗址的发掘，是迄今洛阳隋唐都城考古最重要的发现。

　　皇城围绕在宫城的东、南、西三面，名曰太微城，其东西两侧与宫城之间形成夹城。由于洛河北移，皇城东南部被冲毁，南墙仅存西段。已勘查出东墙的宣耀门、西墙的宣辉门和南墙西部的右掖门。已发掘的右掖门为一门三道，每个门道宽6米，左右门道外侧各有13根立柱，采用上架过梁的形式，其上盖筑门楼。

隋唐洛阳城在历史上具有特殊的意义。隋炀帝时开凿大运河，就是以洛阳为中心，西通关中平原，北达华北平原，南抵太湖区域，是当时南北交通的大动脉。隋唐洛阳城作为大运河的中心，是南北经济交流和物资集散的枢纽，繁盛异常，其"洛水贯都"的独特城市格局，是7—10世纪中国运河城市的杰出范例。城市的里坊区是世界目前仅存规模最大、保存最完好的里坊遗址，对东亚各国古代城市规划产生了明显影响。洛阳还是中国历史上唯一的女皇帝武则天登基的地方，武则天称这里为"神都"，她执政的15年几乎都是在这里度过的。洛阳的应天门、明堂和天堂与武则天有着密不可分的渊源，今天讲隋唐洛阳城，武则天是当之无愧的主角。

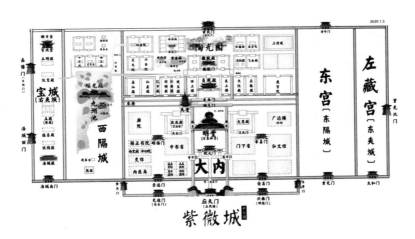

隋唐洛阳宫城示意图

应天门：武则天登基的地方

隋唐洛阳城宫城的正南门名应天门，始建于隋大业元年，原名则天门，神龙元年（705）避武则天讳，改称应天门。已经发掘的应天门遗址表明，应天门是一座由门楼、垛楼和东西阙楼及其相互之间的廊庑构成的"凹"字形巨大建筑群。城门东西两侧有向外凸出的对称的两堵夯土墙组成的巨大阙楼，即文献所载的"左右连阙"。当年城门上建有两重观，上题"紫微观"；建有崇楼五座，似五只凤凰，故俗称"五凤楼"。应天门遗址规模恢宏，气势壮观，是隋唐两京考古发掘出的宫阙遗址之一。双向三出阙，东西两边共计十二阙。这是古代都城宫城正门最高礼制。

应天门是隋唐朝廷举行登基、改元、大赦、宴会等外朝大典的场所。武则天于690年9月9日在此门登基称帝，革唐之命，改国号为"周"，改元"天授"。此后又于692年9月，因脱落的牙齿重新长出，登此门宣布大赦天下，改元"长寿"。

应天门对置双阙的形制布局继承自北魏洛阳城宫城阊阖门、东魏北齐邺城朱明门，又为北宋东京宣德门、元大都崇天门、明清午门所继承，其巍峨宏大的建筑形式，代表的是皇家礼仪和威严，所以不仅是一座城门建筑，更是国家和皇权的象征。

今天，在应天门的原址上已经建成应天门遗址保护展示工程。在其中不仅可以观看应天门历史遗迹、考古发掘实物及其他手段重现的应天门的历史原貌，还可以通过实物、模型及多媒体方式了解隋唐洛阳城的发展过程，当然你会在这里发现武则天给洛阳留下的浓墨重彩的痕迹。

明堂与天堂：武则天的御用工程

考古工作者于1979年在隋唐洛阳城宫城内发现了武则天的御用礼佛堂天堂遗址，1986年又发现了武则天时的明堂遗址。经考古勘探得知，天堂基址仅存台基基础，台基略呈方形，中心为石砌圆形坑，其外有两周柱础石、一周夯土基础和一周碎石块建筑基础。明堂遗迹主要由宫城正殿夯土基址、正殿宫院院门、宫院步廊、水渠等组成，形成以宫殿为中心，由宫院院门和步廊围合而成的宫院院落，南北长400米，东西宽约396米。

明堂是儒家的礼制建筑，本应建在城外，但武则天标新立异，于唐垂拱四年（688），在洛阳宫城内隋乾元殿旧址附会古代明堂制度建造明堂，供布政、祭祀、受贺、飨宴、讲学辩论之用。史载明堂又称万象神宫，高294尺、方300尺，共三层，上为圆盖，用九龙支撑，顶上置涂金的铁凤，高一丈，后来又换成高二丈的火珠。明堂中有十围巨木上下贯通，作为总柱，各层结构均以该巨木为根本。天堂位于明堂西北，处于宫城轴线区域西侧。史载天堂共五层，比明堂高得多，在第三层就可以俯视明堂全景。天堂与明堂构成了洛阳城辉煌壮丽的景观，象征着财富和至高无上的权力，代表了唐朝建筑技术的杰出成就。

明堂和天堂可以说是武则天的御用工程。据《资治通鉴》

记载，载初元年（690）九月五日，群臣上言，有凤凰从明堂之上飞出，落在上阳宫肃政台的梧桐树上。武则天率众臣观看，凤凰看到武则天后便向东南飞去，此后却有数万朱雀云集朝堂，翩然起舞，久久不去。此时一个大臣立即跪倒在地说："凤凰象征神皇您，它见到您后才离开，是在暗示您应登基大宝；朱雀代表的是我等臣下，您如果不登基，就是违背天意，我们也将长跪不起。"武则天因此决定顺应天意，登基称帝。武则天对于明堂钟爱有加，这座盛极一时的大唐建筑其实正是她为自己登基准备的，而天堂则是武则天为面首薛怀义建造的佛堂建筑。

洛阳明堂和天堂也和武则天的大周政权一样几经曲折。据史料记载，天堂建造时就曾被大风吹倒，后花费数年再建；明堂也是几次失火，几次重修。其中武周证圣元年（695），即武则天称帝后的第五年，薛怀义因为御医沈南璆得宠，心生嫉恨，放火烧了天堂。由于明堂离天堂过近，"天堂火灾，延及明堂，至清晨，二堂俱毁"。明堂被毁对武则天打击很大，然而她于当年三月即下诏重建明堂、天堂。明堂与天堂的规模和建造的复杂程度超过唐两京所有宫殿，但前后两次建造，用时都没有超过一年时间，反映出其设计、施工能力已接近或达到封建社会的最高水平。

明堂和天堂遗址今天都建有保护展示工程。明堂保护展示建筑一楼分为三大部分，中间是明堂的中心柱坑遗址，周围设四个多功能展厅，象征古代明堂内部的青阳、明堂、总章、

玄堂，大厅的外围是文化长廊。从首层中心与下层连通的共享空间可以直接俯瞰最下面的明堂中心柱坑遗址。天堂保护展示工程主体为圆形塔楼，其中两层台基的内部是天堂遗址实物展厅，室内地面为玻璃地板或木栈道。游客走在栈道上，天堂及其周边散水、水渠、柱础、四周廊屋夯土基础等遗址的真实面貌便可一览无余。游人穿行于这些工程中，武则天的事迹和功业触目皆是，但对其滥杀无辜、豪奢无度的事儿则没有提及。

访龙门石窟，观大唐气象

龙门石窟位于洛阳市南郊，是世界上造像最多、规模最大的石刻艺术宝库，被联合国教科文组织评为"中国石刻艺术的最高峰"。来洛阳，龙门石窟是必去的，不然恐被人嘲为入宝山而空返。其实我早年来过龙门，但当时匆忙一行，加之学识积累不够，各窟扫一眼而已，没有真正领略龙门石窟艺术之美。这次重来，带有任务，自不能走马观花，能看到的洞窟都看得格外仔细，更驻足漫水桥上，眺望龙门两山崖壁，那些如蜂巢般的大小窟龛随山就势、参差排列，加上山景水色，自是格外惬意。

龙门石窟，皇家之窟

龙门，又称伊阙。《水经注》有"昔大禹疏龙门以通水，两山相对，望之若阙，伊水历其间北流，故谓之伊阙"之说。古人见这里两岸皆断山绝壁，相对如门，认为唯有神龙可越，故此又称为龙门。到了隋朝，隋炀帝杨广在洛阳建隋朝东京城，皇宫正门则天门正对伊阙，伊阙更被称为龙门了。

在龙门开凿石窟，始于北魏孝文帝年间，盛于唐，终于清末，十多个朝代陆续营造长达1400余年，是世界上营造时间最长的石窟之一。石窟包括夹河而对的西山和东山两个部分，现存窟龛2345个，造像11万余尊。西山崖壁上有北朝和隋唐时期的大、中型洞窟50多个，其中北魏的代表洞窟有古阳洞、宾阳中洞等；隋唐的代表洞窟有潜溪寺、宾阳南洞和北洞（两洞洞窟及窟顶装饰完成于北魏，佛像完成于隋和初唐）、敬善寺、摩崖三佛龛、万佛洞、惠简洞、奉先寺等。东山全是唐代的窟龛，代表洞窟有看经寺、擂鼓台三洞等。龙门石窟造像多为皇家贵族所建，如武则天根据自己的容貌雕刻的卢舍那大佛、孝文帝为冯太后凿古阳洞、兰陵王孙于万佛洞造像、李泰为长孙皇后造宾阳南洞、韦贵妃凿敬善寺等，是世界上绝无仅有的皇家石窟。

北魏迁都洛阳后，进行一系列汉化改革，造像风格深受南朝士族审美的影响，崇尚以瘦为美，在龙门石窟开创了一种"秀骨清像"的造像风格，使石窟艺术呈现出中国化的趋势，代表性的造像如宾阳中洞的佛像。到了隋唐时期，隋文帝、武则天等积极推动造像工程，进一步提升了造像的艺术性。隋唐造像的立体感手法使佛像显得高大雄伟，打造了众多经典之作。唐代以胖为美，所以唐代的佛像脸部浑圆，双肩宽厚，胸部隆起，衣纹的雕刻使用圆刀法，自然流畅，创造了雄健生动而又纯朴自然的写实风格，达到了佛雕艺术的顶峰。龙门石窟是中国石窟艺术的"里程碑"，不仅对国内其他石窟的开凿产生重要影响，还远及东亚的朝鲜、韩国、日本等国。

龙门石窟历史上曾受到多次破坏，其中最严重的两次，一次是唐武宗时期的"会昌法难"，如今龙门多处被毁遗迹都是此时形成；一次是民国时期修建龙门西山临伊河道路，炸毁大量山麓佛龛。加之民国时期由于日本、美国文物商人公开收购，引致民间疯狂盗卖佛像，石窟破坏严重，著名的宾阳中洞《帝后礼佛图》便是在此时被盗卖至美国的。

大唐诸窟，盛唐气象

龙门的精品造像多在唐代。由于许多石窟破坏严重或难以

宾阳中洞的北魏佛像

靠近观看，又限于篇幅，这里简单介绍几座唐代石窟的造像题材与风格。

潜溪寺　又名斋祓堂，开凿于唐高宗时期。由于寺下有泉进流，故名。潜溪寺是龙门西山北端第一个大窟，高、宽各9米多，进深近7米。主佛阿弥陀佛面颐丰满，胸部隆起，衣纹斜垂座前，身体各部比例匀称，神情睿智，整个姿态给人以静穆慈祥之感。主佛左侧为大弟子迦叶和观世音菩萨，右侧为小弟子阿难和大势至菩萨。阿弥陀佛与两侧的两位菩萨共称为西方三圣，是佛教净土宗信仰的对象。

宾阳三洞　宾阳三洞中，中洞是北魏时期代表性的洞窟，洞中主佛的服饰已非云冈石窟佛像偏袒右肩式袈裟，而是身着宽袍大袖袈裟。主佛释迦牟尼，侧侍二弟子、二菩萨。左右壁还各有造像一铺，皆一佛、二菩萨，着褒衣博带式袈裟，立于覆莲座上。宾阳北洞和南洞开凿时间为北魏，但主佛完成于初唐，北洞主佛为"剪刀手"佛像（阿弥陀佛），这是一种极少见的佛教手印，传达出一种强烈的意志；南洞系唐太宗第四子魏王李泰为其生母长孙皇后而建，主佛阿弥陀佛面相饱满，双肩宽厚，体态丰腴，充分体现了唐朝以胖为美的风格。

万佛洞　以洞内雕有1.5万尊小佛而得名。其洞窟呈前后室结构，前室造二力士二狮子，后室造一佛二弟子二菩萨二天王，是龙门石窟造像组合最完整的洞窟。窟顶有一朵精美的莲花，环绕莲花有"大唐永隆元年十一月三十日成大监姚神表内道场运禅师一万五千尊像一龛"题记，说明该洞窟完工于唐高宗永隆元年（680）。洞内主佛阿弥陀佛面相丰满圆润，两肩宽厚，衣纹简洁流畅，系运用唐代浑圆刀法雕刻而成。其莲花宝座的束腰部位雕刻四位奋力向上的金刚力士，与主佛的沉稳形成鲜明对比，亦更显主佛之安详。主佛背后有52朵莲花，其上都端坐有一位供养菩萨，俨然是不同姿态少女的群像。52之数代表菩萨从开始修行到最后成佛的阶位，即十信、十住、十行、十回向、十地、等觉、妙觉。洞内所刻之1.5万尊小佛像，每尊只有4公分高，洞内南北两壁的壁基上各刻6位体态轻盈、婀娜多姿的伎乐人，正翩翩起舞，使整个洞窟呈现出一种热烈欢快、万众成佛的气氛。洞口外南壁的菩萨像通高85厘米，头部向右倾斜，身体呈"S"形曲线，姿态优美端庄，是龙门石窟唐代菩萨像的杰出代表。

看经寺 该洞窟为龙门东山最大的洞窟，为武则天时期所雕刻，双室结构，前室崖壁有数十个小龛造像，主室平面方形，正壁和左右两壁下部雕高1.8米的传法罗汉29身（正壁11身，两壁各9身）。这种不雕佛像、仅雕罗汉的大窟应属禅堂窟，可能属于禅宗。罗汉像均保存完好，是唐代罗汉像的代表作。

擂鼓台三洞 传说奉先寺竣工时，武则天率百官驾临龙门，亲自主持盛大的开光仪式，乐队便在奉先寺对岸的平台上擂鼓助兴，于是后人便把这里叫作擂鼓台，擂鼓台旁的三个洞窟即为擂鼓台三洞。擂鼓台中洞又名大万伍佛洞，是武周时的禅宗窟，洞顶作穹窿形，有装饰华丽的莲花藻井，造像为一佛二菩萨，主佛为双膝下垂而坐的弥勒佛。壁基有25尊高浮雕罗汉群像，罗汉像身旁各刻有经文、介绍该罗汉的身世及特点，经文中多杂以武周新字。此洞窟是为武氏政权歌功颂德的，西山的双窟还是弥勒与释迦牟尼并坐，表明当时武则天与唐高宗为天皇天后并列的身份；擂鼓台中洞以弥勒佛为主尊，表明武氏已成为女皇。擂鼓台北洞为龙门石窟中开凿较早、规模最大

龙门唐代造像

潜溪寺佛像

万佛洞口外南壁菩萨像

宾阳北洞的"剪刀手"佛像

看经寺南壁的罗汉群像

的密宗造像石窟，穹窿顶，窟顶的莲花藻井周围环绕四身飞天。洞内东壁的主佛为毗卢遮那佛，又称"大日如来"，像高2.45米，结跏趺坐于须弥台座之上；前壁南侧雕有八臂观音一尊，前壁北侧雕有四臂十一面观音。

奉先寺：龙门佛教艺术之巅

奉先寺是龙门石窟规模最大、艺术最精湛的一组摩崖型群雕。这座依据《华严经》雕凿的摩崖式佛龛，以雍容大度、气宇非凡的卢舍那佛为中心，将佛国世界的理想意境表达得淋漓尽致。

奉先寺的开凿始于高宗初年，咸亨三年（672）皇后武则天曾赞助脂粉钱两万贯，上元二年（675）功毕。雕像共九躯，中间主佛为卢舍那佛，其左右分别为大弟子迦叶和小弟子阿难，再

由伊河东岸远眺奉先寺群像

外是普贤菩萨、文殊菩萨，以及天王、力士。老成持重的迦叶、
温顺聪慧的阿难、雍容华贵的菩萨、英武雄健的天王、刚强勇猛
的力士，同主佛卢舍那一起构成了一组极富艺术感染力的群像。

　　主尊卢舍那大佛通高17.14米、头高4米、耳朵长达1.9米，
以神秘的微笑著称，被国外游客誉为"东方的蒙娜丽莎""世界
最美雕像"。 卢舍那，意为光明遍照。佛像面部丰满圆润，头
顶为波状发纹，双眉弯如新月，一双秀目微微凝视下方，露出祥
和的笑意，显得睿智而慈祥。这尊卢舍那佛的形象是仿武则天的
形象雕刻的，《大卢舍那像龛记》就有"实赖我皇，图兹丽质"
的记载。大卢舍那像龛大型艺术群雕体现了大唐帝国强大的物质
力量和精神力量，显示了唐代雕刻艺术的最高成就，更以其宏大
的规模、精湛的雕刻成为中国石刻艺术的典范之作。

龙门石窟造像

卢舍那大佛

迦叶与文殊菩萨像

阿难与普贤菩萨像

这里有必要说一说惠简洞。惠简洞是位于万佛洞南侧的中型洞窟，咸亨四年由法海寺僧惠简开凿。洞窟西壁正中为弥勒坐于高座之上，两侧雕出二弟子二菩萨。惠简是大卢舍那像龛的"检校僧"，负责开凿大卢舍那像龛，故惠简洞佛像的神态与卢舍那大佛如出一辙，阿难的形象也与大卢舍那像龛的阿难十分相似，侍立两旁的菩萨与卢舍那像龛的菩萨像风格一脉相承，所以惠简洞也被称为"小奉先寺"。

与此相关的还有摩崖三佛龛。此窟中的七尊造像为三身坐佛、四身立佛，中间主佛弥勒佛坐于方台座上，头顶仅雕出轮廓，未经打磨。弥勒佛是"未来佛"，是释迦牟尼的接班人。武则天鼓励弥勒信仰，为其登基制造舆论，登基后则自称"慈氏"（即弥勒），摩崖三佛龛的开凿就是在这样的历史背景下出现的，不过随着武周政权的终结，摩崖三佛龛也中途停工。这组造像虽未完成，但为人们了解造像的开凿程序提供了宝贵的实物资料。

大、小雁塔：在喧闹与清寂中守望

古城西安，历史上先后有13个王朝在此建都，是中国四大古都之一。西安不仅是首批国家历史文化名城，亦是与罗马、雅典、开罗等古城齐名的闻名世界的历史名城。从西周开始，直到唐朝，西安作为国都的时间前后达1100余年，而今其城内城外古迹遍布，令人目不暇接。我以前曾多次来到西安，也曾访问过秦兵马俑博物馆、碑林博物馆、唐大明宫遗址、汉长安城遗址，以及咸阳的乾陵、昭陵等汉唐帝陵，可以这样说，每次来到西安，都会感到异样的惊喜。

因为我们预订的酒店就在西安南城文昌门外一点，而陕西历史博物馆和秦始皇帝陵博物院都需要预约，所以到达西安后，我们就先登上城墙转了一圈，之后又去探访永宁门外的小雁塔，晚上则到和平门外的大唐不夜城，观看大雁塔下的音乐喷泉灯光秀，两相对比，颇有感慨。

大雁塔：皇家工程

唐贞观二十二年（648），太子李治为其生母长孙皇后祈求冥福，在长安城晋昌坊隋文帝所建之无漏寺旧址建佛寺，唐太宗赐名"慈恩寺"，迎请高僧玄奘担任上座法师。此后因显庆元年（656）唐高宗御书《大慈恩寺碑记》，寺名又被称为"大慈恩寺"。大慈恩寺是玄奘专门从事译经和藏经之处。为妥善保管经像舍利，玄奘准备在慈恩寺正门外造石塔。其规划佛塔总高达三十丈，唐高宗认为工程浩大难以成就，遂恩准朝廷资助，于永徽三年（652）在寺的西院建五层砖塔。因为古印度佛教中圣鸟与佛陀、涅槃、舍利有密切关系、在汉文中被翻译为"雁"，所以这座保存佛经舍利的佛塔就被称为雁塔。后来长安荐福寺附近又修建了一座较小的塔，因此慈恩寺塔就被称为大雁塔，荐福寺塔被称为小雁塔。大雁塔最初仿印度窣堵坡形制，实心夯土包砖，后历代有修缮，明万历三十二年（1604）修葺大雁塔，在唐代塔体外表以砖砌60厘米厚的包层，形成如今所见的形式。

大雁塔是砖仿木结构的四方形楼阁式塔。塔每层四面均有券门，底层南门洞两侧嵌置碑石，西侧是唐太宗李世民撰文、褚遂良手书的《大唐三藏圣教序》碑，东侧是唐高宗李治为太子时所撰、褚遂良手书的《大唐皇帝述三藏圣教序记》碑，碑文高度赞扬玄奘法师西天取经，弘扬佛法的历史功绩和非凡精神，人称"二圣三绝碑"，世称《雁塔圣教序》。这两块碑石至今保存完好，是研究唐代书法、绘画、雕刻艺术的重要文物。据记载，唐代画家吴道子、大诗人王维等曾为慈恩寺作过不少壁画，但今已不存，不过塔下四门洞的石门楣、门框上还保留着精美的唐代线刻画，南门的券洞两侧则嵌有"玄奘负笈图"和"玄奘译经图"。

大雁塔保存的文物中，最珍贵的是贝叶经，即写在贝多罗树叶上的经卷。古印度没有纸张，以贝叶代纸写经。玄奘取回的真经均为贝叶经。大雁塔四层塔室内供奉着两片长约40厘米、宽约7厘米的贝叶经，当世已经非常罕见。

大雁塔是唐长安城保留至今的标志之一。该塔由最初的仿西域窣堵坡形制、砖面土心，经历代改建、修缮，逐渐演变成具有中华建筑特点的砖仿木结构，成为可登临的楼阁式塔，生动地体现了古印度佛教建筑艺术传入中国并逐渐中国化的过程。

小雁塔：宫人集资

小雁塔建于唐中宗景龙年间（707—710），是为了存放唐代高僧义净从天竺带回来的佛教经卷、佛图等，由皇宫中的宫人集资、著名的道岸法师主持兴建。所谓"宫人"，是指皇宫中那些没有名分的宫女，这些人是皇帝的奴婢，命运非常凄惨，所以宫人们集资修建此塔，希望佛教在来世改变她们的命运。小雁塔所在塔院位于唐长安城安仁坊，与位于开化坊的荐福寺隔街相望。唐末战乱中荐福寺毁废，小雁塔独存。

小雁塔是密檐式砖结构佛塔，塔身也为四方形，原为15层，明嘉靖三十四年（1556）大地震，塔顶两层被毁，现存13层。塔身底层高大，二层以上高、宽递减，逐层内收，整体轮廓呈现秀丽的卷刹。每层砖砌迭涩出檐，间以菱角牙子，各层檐下砌斜角牙砖。每层南北各辟券门，以起到采光透气的作用。小雁塔底层原有环绕塔身的砖木结构大檐棚，称为"缠腰"，但毁于金、元战争年代。

小雁荅第一层塔身南北辟门洞，石质门楣上线刻供养天人和蔓草、祥云、迦陵频伽等具典型佛教寓意的装饰图案，刻工精细，线条流畅。这些雕刻精妙地融合外来题材，使之成为中国传统纹样的重要组成部分，不仅反映了初唐时期的艺术风格，亦是长安丝绸之路文化特征的体现。

小雁塔自唐代建成，经历漫长的岁月，其造型与结构是中国早期密檐式塔的代表作品，影响了其后中国很多地区密檐砖石塔的建造。小雁塔在一千多年里，多次经受地震破坏，三次开裂，又自动愈合，像"不倒翁"一样，屹立不倒，本身就是一个传奇。

双塔千年：冷热不同

也许是因为各自的"出身"地位悬殊，大雁塔和小雁塔自唐代以来，其角色和待遇就截然不同。就说唐代，玄奘在大雁塔创立了大乘佛教法相宗（亦称唯识宗，由于玄奘常住慈恩寺，又称慈恩宗），慈恩寺遂成为中国大乘佛教的圣地，香火旺盛。大雁塔是唐朝新中进士的题名之地，凡新科进士及第，簪花骑马游长安外，还要于曲江流饮作诗，皇帝赐宴后登临大雁塔，将他们的姓名、籍贯、及第时间用墨笔写在墙壁上，象征由此平步青云。雁塔题名者之中，最出名的当属白居易，他27岁及第，在雁塔写下"慈恩塔下题名处，十七人中最少年"的诗句。天宝十一年（752）秋，杜甫曾与岑参、高适、薛据、储光羲同登大雁塔，凭栏远眺，触景生情，每人赋五言长诗一首。不过今天唐代的雁塔题名和题诗已经看不到了，现存的大量题记，多为明、清朝时期乡试举人效仿唐代进士留下的雁塔题名碑。

小雁塔则没有这么光鲜。小雁塔所处的荐福寺，是长安三大译经场之一，此地是以译经奠定其宗教地位和文化内涵的，留存至今的唐佛顶尊胜陀罗尼经幢即是证明。经幢坐落于小雁塔东南角的"花径"院内，刻成于唐武宗会昌二年（842），为唐时彭城郡居士刘士宁为其已故的母亲所立，石质八棱柱形，上覆莲花宝珠顶，下有方形基座，基座每面两龛，浮雕伎乐演奏图。

小雁塔

幢身正面刻《佛顶尊胜陀罗尼经》，其后附刻《佛说随愿往生十方净土经》。经幢上半部分有两层华盖，每一层都分别有不同形态的八个龙头做装饰，代表了天龙八部。两华盖之间有八个佛龛，塑造了跏趺坐的释迦牟尼讲法的情景。幢身上部结构威严秀丽，下部及须弥座稳重浑厚，须弥座上又以莲花座承托幢身，充分体现了唐代中后期石幢造型的艺术风格。

当历史发展到今天，双塔周围的环境更是变化悬殊。当地政府在大雁塔脚下重建慈恩寺，并依托大雁塔，建起北起大雁塔南广场、南至唐城墙遗址，东起慈恩东路、西至慈恩西路的大唐不夜城。不夜城街区南北长2100米，东西宽500米，总建筑面积达65万平方米，区内以盛唐文化为背景，以唐风元素为主线，建有大雁塔北广场、玄奘广场等广场和文化场馆，树起大唐佛文化、大唐群英谱、贞观之治、武后行从、开元盛世等五大文化雕塑，是西安唐文化展示和体验的首选之地。不夜城内华屋高耸，雕梁画栋，火树银花，灯光璀璨，加上每晚7点开始的音乐喷泉灯光秀和各种文艺表演，使大雁塔周围成为游客的流连忘返之地，直到晚上11点才告结束。大雁塔附近的陕西历史博物馆也是人流汹涌，预约观展十分困难。

与此相对，几公里外的小雁塔则十分静谧，塔旁的西安博物馆也是无须预约便可进入，为数不多的游客安静地瞻仰小雁塔的秀丽姿容，围绕塔前的千年古槐嗟叹不已，时不时会有游客撞响钟楼内的金代明昌三年（1192）铸造的大钟，清亮的钟声余音袅袅，听在耳中，别有韵味。

"大唐遗宝"何家村窖藏：金声玉振 宝光炫人

到西安，陕西历史博物馆是必看的，但此馆人气太高，极难预约，我们好不容易约上了，却因为家人感冒、误了时间，再约便约不上了。没办法，只好通过秦始皇帝陵博物院老院长吴永琪先生重新预约，才得以观展。来到展馆，只见内部人山人海，根本无法静下心来观想。该馆展陈主要是唐以前的陕西历史，即陕西最为高光的时期。这不能不使我略感失望。作为一个学过考古的人，我希望看到如丰镐周京、秦都咸阳、隋唐长安这样的比较专题的展览，但现状是把陕西全省的文物按时代塞进每个展室，且唐以后就没了，看着很不过瘾。正在失望之际，我发现了作为特展、需要收费的"大唐遗宝——何家村窖藏出土文物展"，不由得大喜过望！何家村窖藏是"文革"时期的重大文物发现，我在许多研究唐代金银器的著作中看到过其精品文物的身影，却一直没有机会一睹全貌，馆里有这个展览，来得值了！

展览展出了何家村窖藏中的300多件最为精美的文物，我进入展室，沉醉其中，徘徊不去，仔细观察，之后又拜读了扬之水、齐东方等学者的研究文章，遂有了本文。

遗宝何来：何家村窖藏的发现与研究

何家村窖藏的发现纯属意外。1970年10月5日，西安南郊何家村基建施工，工人挖出了一个高65厘米、腹径60厘米的陶瓮，里面装有大量金银器。6天后，在其北侧不远处，考古人员又发现了一个类似的陶瓮，其内装有金银器和玉器，在陶瓮旁又发现了一件高30厘米、腹径25厘米的银罐，内装一件镶金兽首玛瑙杯。这次发现共出土文物1000多件，包括各种金银器、银铤、银板、银饼、中外钱币、宝玉珍饰和贵重药材。

这次发现的文物几乎全部是珍品，有极高的艺术价值和研究价值。从其装入陶瓮、埋入地下的形式看，这批文物应该属于突发事件下的埋藏，那么埋藏者是谁呢？

郭沫若认为是天宝十五年（756）安禄山之乱时邠王李守礼后人所埋藏。另有人认为窖藏的主人是章怀太子和其子邠王李守礼。进一步的研究判断，何家村的位置属唐长安城兴化坊，珍宝的埋藏者应是唐代的尚书租庸使刘震，埋藏时间应在唐德宗建中四年（783）泾原兵变时。

我大学时代的室友、北京大学教授齐东方生动地复原了当时的藏宝过程：唐德宗时，租庸使刘震居住在兴化坊。泾原兵变突发，刘震让人押着"金银罗锦二十驼"出城外逃，自己则与家人随后赶来，但当时的城门守卫得知刘震是朝廷要员，不敢为其开城门，刘震只得又跑回家中。在无法出城的情况下，刘震不得不在家中将珍宝埋藏起来。因为大件物品已经送出城，所以埋藏的珍宝都是体积小、价值高的珍品。刘震未能出城，无奈做了叛军的命官，但很快唐军便收复京城，刘震夫妇被杀，他私藏的珍宝埋在地下，再不被外人所知，直到施工时被偶然发现。

奇珍管窥：何家村窖藏文物最精品

何家村窖藏出土文物包括金银器皿271件，银铤8件，银饼22枚，银板60件，金、银、铜钱币466枚，玛瑙器3件，琉璃器1件，水晶器1件，玉带10幅，玉臂环1对，金饰品13件，另有金箔、玉材、宝石、药材等。其中被定为国宝级文物的有3件，定为国家一级文物的有数十件。我只选最精美的略作介绍。

镶金兽首玛瑙杯　高6.5厘米，长15.6厘米、口径5.9厘米。此杯乃海内孤品，系巧妙地利用玉料的俏色纹理雕琢而成。杯体为角状兽首形，双角为杯柄，兽嘴部镶金帽。兽首似牛非牛，眼、耳、鼻刻画细微精确，口鼻部的金帽可以卸下，更突出了兽首的色彩和造型美。

鸳鸯莲瓣纹金碗　国宝级文物。共出土两件。两碗大小、重量相若，均侈口，弧腹，圜底，喇叭形圈足。纯金质，锤揲成形，錾刻为纹，造型饱满庄重。器壁有上下两层向外凸出的莲瓣纹，每层十片，上下相合。每个莲瓣里都錾刻有装饰图案，上层是动物纹，有鸳鸯、野鸭、鹦鹉、狐狸等；下层是忍冬花纹。两碗内壁分别墨书"九两半""九两三"，应是碗的重量。

鎏金鹦鹉纹提梁银罐　国宝级文物。高24.2厘米、口径12.4厘米、足径14.3厘米。大口，短颈，腹圆鼓，喇叭形圈足，肩部有两个葫芦形附耳，其中焊装提梁，足与罐体连接处加焊圆箍。罐体为纯银锤击成型，平錾花纹，再加鎏金。腹两侧以鹦鹉纹为中心，绕以折枝花，形成均衡的圆形图案。盖顶中心为宝相团花，盖面周围饰葡萄、石榴和忍冬、卷草纹，提梁上饰有菱形图案。盖内有墨书 "紫英五十两""白英十二两"，表明其为收藏中药的器具。

鎏金舞马衔杯纹银壶　国宝级文物。银质，通高14.8厘米，口径2.3厘米，腹长径11.1厘米、短径9厘米，壁厚0.12厘米。系仿照游牧民族的皮囊壶制造，壶身以口衔酒杯的舞马为饰，鎏金提梁位于壶身上部，提梁之前是斜向上的壶口，壶口上有莲花瓣形壶盖。盖纽上系有一条14厘米长的麦穗式银链，套连于提梁的后部，以防止壶盖脱落遗失。

金筐宝钿团花纹金杯　杯口外侈，器壁有内向的弧度，"6"字形的把手通过"+"字形金片与杯体铆接固定。器腹由上下两端相对的四对如意云头纹分割成四个相对独立的单元，每个单元中心装饰一朵团花，团花由金片锻打而成，焊接在杯腹表面，形成立体感极强的装饰。在团花及如意云头纹最外缘，又焊接有细密排列的小金珠。

葡萄花鸟纹银香囊　用于燃放固体香料。通体饰葡萄花鸟纹，外径4.6厘米，金香盂直径2.8厘米，链长7.5厘米。外壁银制，圆球形，整体镂空，以中部水平线为界平均分割形成两个半球形，其间一侧以钩链相勾合，一侧以活轴相套合，下半球内又设双轴相连的同心圆机环和一个半圆形香盂。设计精妙，无论香囊怎么晃动，香盂都不会倾覆。

玛瑙长杯　共出土两件，材质和造型都来自西域，带有强烈的异国色彩。两件玛瑙杯的色泽和造型有所区别，但都纹理清晰、琢磨光滑、晶莹滋润，通体呈玻璃光泽，是难得的艺术品。

白玉忍冬纹八曲长杯　高3.8厘米、长径10.1厘米、短径5.5厘米，口沿厚度仅半毫米。器形为八曲椭圆形，口沿为八曲莲花形，椭圆形圈足，杯身雕饰成组的蔓草纹饰。长杯以和田白玉制成，洁白莹润，刻作精美，素雅高贵，为唐代贵族至爱的

何家村唐代窖藏精品

镶金兽首玛瑙杯

鎏金海兽水波纹银碗

金筐宝钿团花纹金杯

鎏金伎乐纹八棱银杯

鎏金舞马衔杯纹银壶

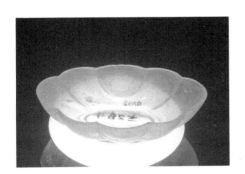

水晶八曲长杯

鎏金鸳鸯纹银羽觞

盛酒之器。其形状模仿萨珊式多曲长杯，装饰纹样为中式的忍冬纹，堪称中西文化结合的产物。

水晶八曲长杯　通高2.9厘米、口径长9.5厘米、宽5.5厘米、壁厚0.1厘米。以无色透明水晶制成。器形与白玉忍冬纹八曲长杯相同，有八个横向分层式的曲瓣和椭圆形矮圈足。迄今经考古发现的唐代水晶容器仅此一件，推测可能是7世纪后半叶中国工匠仿西域萨珊式同类器物制作。

鎏金海兽水波纹银碗　高3.6厘米、口径11.2厘米、足径5.3厘米。侈口，弧腹，喇叭形圈足。器壁锤揲出由口及底的曲线水波瓣，其间刻禽兽、花草、山石。碗内底中心有一只鎏金海兽，旁有鸳鸯相伴戏水。圈足底面有八出团花，由石榴形叶、莲叶、忍冬连接而成，圈足沿饰流云纹。

鎏金鸳鸯纹银羽觞　羽觞属于酒器，就是战国汉代时的耳杯。共出土两件，形制、大小、纹饰基本相同，内外两面均以鎏金手法装饰蔓草鸳鸯纹，造型圆润疏朗，制作精巧细腻，具有雍容华贵的皇家气象。

鎏金飞廉纹六曲银盘　六曲葵花形，窄平折沿，浅腹平底，盘心凸起，并剔刻出一鼓翼扬尾、偶蹄双足、牛首独角、鸟身凤尾的动物。这件银盘上的神兽有人定名为翼牛，也有人称其为异兽、飞廉。银盘器形工整，纹饰精美，制作技术和工序复杂，体现了唐代金银工匠高超的制作工艺，是唐代金银器的精品。

鎏金伎乐纹八棱银杯　此杯先以铜铸造成型，再通体鎏金，杯身八面各饰一手持乐器的乐伎。所持乐器分别是竖箜篌、曲项琵琶、排箫、鼓、螺、笳等，无论造型还是装饰都有浓郁的西域粟特风格。

狮纹白玉带銙 此玉带由狮纹方銙、狮纹圆首矩形銙（扣柄）、狮纹圆首矩形铊尾、玉带扣总计16件组成。其狮纹的设计别具匠心，在15块带板上碾琢姿态各异的狮子。12枚方銙的狮纹造型相同、方向相反，应为6对。玉带纹样系在平面上斜刻剔地，使所表现的形象隐起，这种技法为唐代玉雕所独有。

透物见史：何家村窖藏反映的唐代历史

何家村窖藏出土的金银器使我们对唐代的金属冶炼、机械设计及加工、焊接、贵金属制作等都有了直观、深入的认识。推测当时可能已经使用简单车床，对材料进行切削、抛光，其焊接、

何家村窖藏出土的"怀集"庸调银饼

铆、镀、刻、凿等的工艺技术已达到较高的水平，其造型之多样、纹饰之精美、题材之丰富，都是至为少见的。但要是从这些出发，认为它们就是不可多得的艺术品，那你就狭隘了！这些文物还有着更重要的意义——说明当时的历史文化。

墨书"十五两一分"的银碗　　　　　金质"开元通宝"

　　何家村窖藏出土的银铤、银饼、银板上面留有文字,这些文字涉及年号、地区、赋役种类等,可以帮助我们进一步了解唐代的经济制度。22枚银饼中有4枚是庸调银饼,为唐代租庸调制度中庸调银实物的首次发现。

　　许多金银器上都用墨书标明器物的重量,为测定唐代衡制提供了条件。经测定,唐代每两平均为42.798克,一大斤为684.768克,这是对唐代大斤最精确的测定数据。

　　窖藏物品反映了唐代丰富多彩的宫廷生活。《旧唐书·音乐志》《明皇杂录》等文献中都有宫廷中舞马醉酒的记载。何家村窖藏出土的鎏金舞马衔杯纹银壶就印证了这个记载。另据记载,唐玄宗常在承天门楼上设宴娱乐,兴致高昂时,便向楼下抛撒金钱以作赏赐,并由此形成了历史上有名的金钱会。窖藏出土的30枚金质"开元通宝"钱,表明当时确实有"金钱"的铸造。

盒盖标有"大粒光明砂"名称及重量的银盒

鎏金仕女狩猎纹八瓣银杯

何家村窖藏出土了完整的药具和大量药材，有些药材如丹砂、紫石英、白石英、钟乳石等，在唐代已属名贵药材。炼丹器石榴罐、煮药器双耳护手银锅、单流折柄银铛、单流金锅及许多贮药盒、饮药用具，反映唐代炼丹盛行，是研究中国医药史与化学史的重要资料。

何家村窖藏珍宝还呈现出浓重的多种文化因素。出土的诸多钱币中，有些直接来自波斯萨珊、东罗马、中亚粟特和日本等地，如西域高昌国的"高昌吉利"、日本元明天皇铸造的"和同开珎"，以及波斯的萨珊银币、东罗马金币等。有的文物系来自异域，有的文物有明显的异域风格，如鎏金仕女狩猎纹八瓣银杯，保留粟特带把杯的风格，但装饰的仕女形象已完全中国化。最有代表性的是镶金兽首玛瑙杯。这种角杯实际上源于西方称为"来通"（rhyton）的酒具，常见于中亚、西亚，特别是波斯（今伊朗）地区，此杯很可能是由唐代工匠模仿西域传来的器物所制作的，是唐代与西域各国文化交流的重要佐证。

不只兵马俑：秦始皇陵考古新发现

西安之行的最后一天，我们重点参观了秦始皇帝陵博物院。借重于老馆长吴永琪先生的关照，馆里为我们配备了一位业务精湛的解说员，在他的陪伴下，我们在秦始皇帝陵博物院的访问收获颇丰。

巡行在兵马俑坑陈列馆、铜车马陈列馆以及始皇陵区，我不禁为陵区的规模与而今的建设惊叹。其实早在30年前我就参观过秦兵马俑博物馆，也曾在香港出版过关于秦兵马俑的图书，但今天整个秦始皇帝陵博物院的建设及展陈已远胜往昔，这也使我不必仅着眼于兵马俑、而可以从整个始皇陵的角度加以介绍。

骊山脚下始皇陵

秦始皇陵，是中国历史上第一位皇帝嬴政（前259—前

210）的陵寝，位于陕西省西安市临潼区城东5公里处的骊山北麓。其实，秦始皇先祖的陵园是在临潼西的芷阳一带，秦始皇却将陵园选在芷阳以东的骊山之阿。其原因据郦道元解释，是骊山"其阴多金，其阳多美玉，始皇贪其美名，因而葬焉"；但也有人认为，秦始皇选址骊山北麓，是其一墓独尊思想的反映，他自认"德兼三皇，功过五帝"，因而独立建陵，以显示其特殊与尊贵。

秦始皇陵的设计者是李斯，负责工程的是少府令章邯。修陵征用人力72万，最多时接近80万，前后修造了39年，秦始皇临死时尚未竣工，秦二世胡亥继位后又修建了一年多才基本完工。

据考古勘探及兵马俑坑的位置，研究者认为秦始皇陵的朝向为坐西向东。同历代帝王墓基本上坐北朝南不同，秦始皇陵坐西向东的格局沿用的是秦人的葬俗，也许还有表现秦国崛起于西陲进而统一中原的战略目标或曰宏伟功绩的成分吧？

秦始皇陵分陵园区和从葬区两部分。陵园区占地近8平方公里，可分为四个层次，以地宫为核心，向外依次为内城、外城和外城以外。陵墓地宫相当于秦始皇生前的"宫城"。地宫之上的封土堆，当初建成时，据记载是"高五十余丈，周回五里有余"，折算约高115米、底面积约25万平方米。现为近似方形覆斗状，顶部略平，腰略呈阶梯形。据考古勘探，地宫位于封土下，墓室位于地宫中央，高15米，大小相当于一个标准足球场。墓室周围有细夯土筑成的宫墙，顶面高出秦代地面，向下直至现封土下33米，非常壮观。土墙内侧还有石质宫墙。根据探测，墓室内没有进水，也没有坍塌。

内城呈矩形，城垣周长3840米，北墙有两门，东、西、南三墙各有一门，城门设置高大的门阙，形制为三出阙。外城呈矩形，周长6210米，四角各有门址一处。考古勘测内城的地面与地下设施最多，尤其是北半部较为密集，北半部的西区是便殿附属建筑区，东区是后宫人员的陪葬墓区；外城西区的地面和地下设施最为密集，南、北两区尚未发现遗迹、遗物，外城西区有葬马坑、珍禽异兽坑、陶俑坑，实际上象征京城内的厩苑、圉苑及园寺吏舍，是内城的附属部分。陵区内外，除闻名遐迩的兵马俑陪葬坑、铜车马坑之外，还发现有大型石甲胄陪葬坑、百戏俑坑、文官俑坑以及陪葬墓等600余处，范围广及约5.6万平方米。

值得一提的是石甲胄陪葬坑。此坑位于秦始皇陵园东南部内外城之间，平面为长方形，主体部分连同南北两侧的四条斜坡门道，总面积达13000多平方米，是陵园内迄今发现的面积最大的陪葬坑。试掘中出土了大量密集叠压的、用扁铜丝连缀的石质铠甲和石胄，以及马缰索、青铜车马器、青铜镞、箭头等文物，其中石质铠甲约87领、石胄约43顶，估计坑内埋有上千件石质铠甲与头盔。专家认为这个陪葬坑应属秦始皇陵的军备库。库中的石甲胄设计制作十分精细，石料加工工艺比兵马俑的泥土烧制工艺要考究得多，显示当时秦军有着严明的等级划分。

将上述的布局加以复原，则陵区内宏伟壮观的门阙和寝殿建筑群与600多座陪葬墓、陪葬坑一起，就构成了秦始皇陵的完整形态。这种形态模仿的即是秦都咸阳的宫殿和都城格局。

据史载，项羽、东汉赤眉军、后赵石虎、黄巢，以及民国年间的军阀都曾破坏和盗掘过始皇陵。但实际上，从位于始皇陵地宫西墓道耳室里秦始皇陵铜车马的出土看，如果秦始皇陵屡遭火焚和洗劫，墓道旁的随葬品应该首先遭到破坏，铜车马这样的重器不可能留存下来。考古钻探表明，秦始皇陵地宫四周均有宫墙包砌、若干个通往地宫的甬道没有人为扰动破坏的迹象，发现的盗洞均未进入秦始皇陵地宫之内。考古工作者通过仪器探测，明确地下确有大量的水银和金属存在，更表明秦始皇陵未遭到盗掘，因为地宫一旦被盗，水银就会顺盗洞挥发掉。

秦兵马俑：世界第八大奇迹

被誉为"世界第八大奇迹"的兵马俑坑，是秦始皇陵的陪葬坑，位于陵园东侧1500米处。1974年因当地农民打井而发现，此后开始了连续近40年的发掘，现已发掘的三座俑坑坐西向东，呈"品"字形排列，坑内有陶俑、陶马近8000件，还有大量青铜兵器。坑内的陶俑是秦宿卫军的仿制，近万个陶俑或执弓、箭、弩，或持戈、矛、戟，或负弩前驱，或御车策马，分别组成步、弩、车、骑四个兵种。

兵马俑坑是先挖好坑道，然后放入陶俑，之后上搭天棚。

坑道中的所有卫士都面向东方。三个陪葬坑中，1974年发现的1号坑东西长230米、南北宽62米、深5米左右，由长廊和11条过道组成，坑中放置与真人马大小相同、排成方阵的6000多个武士俑和拖战车的陶马。2号坑东西长96米、南北宽84米，表现包括步兵、车兵、骑兵和弩兵的多兵种联合阵容。3号坑东西长28.8米、南北宽24.5米，内有一乘战车以及68个持有武器的卫士俑。

专家推断，如果将1号坑称为"右军"、2号坑称为"左军"，那么3号坑就是统帅左右军的指挥部。这个军阵组成是秦国军队编组的缩影，其所展示的无疑是军事史研究最重要、最形象的资料。这些按当时军阵编组的陶俑、陶马，为秦代军事编制、作战方式、骑步卒装备的研究提供了形象的实物资料，因此被称为"复活的军团"。

秦始皇陵3号坑出土的驾车陶马与卫士俑

除兵马俑外，在秦始皇陵区内还出土了文官俑和百戏俑。文官俑坑是2000年发现的，位于内城之内、陵墓封土西南角，总面积约410平方米，由斜坡门道、前室和后室三部分组成，前室主要埋藏陶俑，后室埋藏马骨。前室内出土陶俑12件，可分为袖手俑（8件）和御手俑（4件）两类。文官陶俑与兵马俑坑出土的武士俑相比显得文弱，上身穿单层或双层交领右衽齐膝长襦，腰束革带，下着长裤，足蹬齐头方口浅履，头戴长冠，应拥有一定的爵位。

百戏俑坑位于秦始皇帝陵封土东南部、内外城垣之间，总面积约700平方米，试掘出土2件青铜鼎和20多件陶俑。这些陶俑大多上体裸露，下着彩色短裙，与真人一般大小，姿态各异，是秦陵出土陶俑的新类型。根据这些陶俑的姿态，被定名为"百戏俑"。从出土陶俑的姿态来看，这些陶俑表演的项目有扛鼎、寻橦、旋盘等技艺。

秦始皇陵兵马俑以其卓越的艺术成就震撼了世界。这些魁伟英武的大型陶俑排列在一起，气势磅礴，体现出秦人驾驭宏大艺术题材、追求整体气韵和艺术创造的卓越才能。另一方面，这些秦俑千人千面、动作各异，士兵单纯、将领沉着、文官瘦弱、百戏活泼，显示出当时的艺术家在形体把握、神韵处理、色彩运用、细部刻画等方面都具备了很高的艺术素养和艺术成就。

青铜之冠：秦始皇陵铜车马

1978年6月，两乘大型彩绘铜车马在秦始皇帝陵封土西侧20米发掘出土。这两乘铜车马一前一后放置在一个木椁内，构件基本齐全。

前面的1号车驾四匹铜马，车舆平面呈横长方形，前边两角呈弧形，舆宽74厘米，进深48.5厘米。车輢（车箱两旁人可以倚靠的木板）较低，四面敞露，车舆内竖立铜伞，伞下一立姿御官俑，配有铜弩、铜盾、铜箭镞等兵器。此车名立车，又名高车。它虽有伞盖，但四周敞露，又配有兵器，实质上应算兵车。

2号车为古代的安车，长逾3米、高逾1米，单辕双轭四马。车舆分前后两室，御官俑头戴双卷尾冠、身穿长襦、腰佩短剑，跽坐于前室，手中握辔。后室是主舆，宽78厘米、进深88厘米，四周屏蔽，后边留门，门上装有可开闭的门板；前部和左右两侧开窗，前窗装有能够向上掀起的菱格形镂空窗扇，左右窗则以夹心的方式安装着可推拉的菱格形镂空窗板。舆室顶部罩椭圆形的穹窿式篷盖。舆底铺绘满几何纹的铜板，象征茵垫。车舆内外遍施精美纹饰，其中舆室内和车盖以夔龙与凤鸟纹为主，舆的周边及前室的内外则饰以流云纹、几何纹等纹饰。在秦代，这种安车又称辒辌车，秦始皇出巡时乘坐的就是这种车。

这两套铜车马结构复杂，细节表现清晰、逼真，冶金铸造技术高超卓绝。车马、驭手的制作工艺精湛，造型准确，生动传神。最重要的是，其驾具、马饰完整，系驾关系清楚，彩绘与浮雕结合，很好地表现出了马车不同部位原本的材质、构造和面貌。车马使用金银饰件重量超14千克，铜马穿金戴银，金银项圈、金当卢、金银泡等金银饰件约占零件总数的一半，使

秦始皇陵铜车马2号车

得整套车马显得雍容华贵。

秦铜车马在铸造方面，使用了多范合铸法、红套铸法、接铸、嵌铸、包铸等；在连接方面，采用了套接、铆接、焊接、扣结、子母口对接、合铰链接、链环链接等；在模拟塑形表现方面，使用了圆雕、浮雕、錾刻、琢磨、冲凿，以及涂色、彩绘等手段，其水准不亚于现代复杂的机械制造工艺。

秦铜车马是中国考古史上所见的最大的组合型青铜器，对研究中国秦代冶炼与青铜制造技术、车辆结构等具有极重要的价值。它们的出土，不仅可令研究者进一步了解秦代卤簿制度和古代车马陪葬制度，更可以使人们了解古代车制特别是战车的系驾方式。笔者自己观看这两辆马车之后，就对其中的武器配置与使用方式、服马（中间扛起车辕的两匹马）的系驾方式有了更清晰的认识。

最近又看到新的消息，在秦陵陵园西侧又发现9座高等级陪葬墓，正在发掘的1号墓出土了四轮独辀车。这种四轮车据分析可能是下葬时运输棺椁所用的，尽管如此，因为它是迄今发现的唯一的四轮车出土品，为我们了解秦代的交通工具和战争装备提供了重要线索，可称弥足珍贵。与这辆车一同出土的，还有双辕木车、羊车，以及金银驼俑、舞袖俑、吹奏俑、百戏俑、玉器、铜器等，可以推测此墓的主人应是很高级别的人物。

作为临潼的两大史迹之一，唐华清宫遗址就在秦始皇陵旁边。游毕秦始皇陵，还有一个下午的时间，吴馆长推荐我们去华清池看看，我也觉得有必要给女儿女婿介绍一下唐朝的有关历史，就顺路到秦始皇陵旁边的华清池一游。但这里除了发掘出的几个唐代温泉浴池外，已经兴建成了综合的游乐演艺中心，而唐明皇和杨贵妃的爱情故事已经被大众所熟知，我就不在这里赘述了。

秦始皇陵陪葬坑出土文物

石胄（复原）

石甲（复原）

铜车马1号车驭手的驾车方式与弓弩配置

何家村唐代窖藏精品

白玉忍冬纹八曲长杯

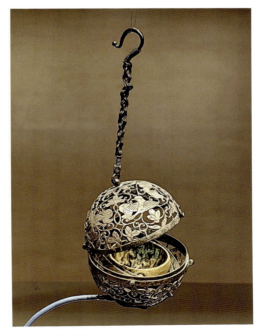

葡萄花鸟纹银香囊

鎏金鹦鹉纹提梁银罐

鎏金飞廉纹六曲银盘

鸳鸯莲瓣纹金碗

玛瑙长杯

龙门奉先寺天王与力士像

游走晋中南

我一直有个愿望，就是自驾往长三角、珠三角南方走一走、看一看，所以考虑第二阶段的访古，首先就是南方，但转念一想，既然这是个长期的事情，我还是要分地区、有步骤地进行。从大的区域来说，眼下华北地区还有山西没有去到，既然去了山东，那么下来就应该是山西了。在我的规划中，陕晋豫应是一个大的板块，这里是"最早的中国"，是地上地下文物最丰富的地区，我的第一阶段既然主要是在北部中国行走，那么就应该从山西继续，从而补全北部中国的行走版图。

　　规划中的山西之行，是由邯郸经滏口陉入晋，先从晋东南看起，之后转至晋南、晋中、太原，之后由代县经蒲阴、飞狐陉出太行回京。考察的重点是晋南和晋中，因为这里同中国古代文明的起源有很深渊源，而且地上文物也很丰富；至于晋北因为另有规划，所以不在此次考察之列。既然决定了，我就着手准备，寻找相关资料、拟定行走路线，于2024年5月20日开始了我的山西访古之行。

"中国成语之都"邯郸：曾经的战国时期大城市

从北京出发，行车440多公里，就到达了邯郸。把邯郸作为第一站，是因为它虽然属于河北，但历史上它作为赵国的首都，实际控制区多在山西及其周边，所以我在冀中访古时，有意留下这里未到，以便之后专门来此探访。这次将邯郸作为进入山西的门户，不仅是由于邯郸有响堂山石窟等文物，邯郸本身就是有故事的城市，这里就说一说邯郸的故事。

邯郸城市史

邯郸是国家历史文化名城，有长达3100年的建城史。"邯郸"之名，最早见于《春秋·谷梁传》，公元前546年，卫献公之弟姬专逃到晋国，"织绚邯郸，终身不言卫"。但实际上邯

邯郸市北关凤凰台1号墓出土蟠螭纹铜鼎

郸建城比此记载更早，因为邯郸之名最早的字源"甘"在商代的甲骨文上就已经出现了。"甘"即甘山，也就是今天邯郸城西的邯山。

西周春秋时期，邯郸城初属卫，后归晋，最后在战国时归赵国。今天的赵邯郸故城，就是赵敬侯平定公子朝作乱后的赵国首都。据记载，赵敬侯元年（前386）击败公子朝和魏国联军后，把国都从中牟（今河南汤阴）迁到邯郸，建王城于此，此后至赵王迁八年（前228）为秦国所占，作为国都，共历经八王158年。西汉时期，邯郸为赵国（诸侯王）王都，与洛阳、临淄、宛城、成都共享"五大都会"盛名。三国魏晋南北朝时期，邯郸南部的邺城（今临漳县境内）先后为曹魏、后赵、冉魏、前燕、东魏、北齐六朝古都；五代时期，邯郸东部的大名初为后唐国都，后为后晋、后汉、后周和北宋的陪都。

因为长期是王朝的中心城市，所以邯郸留下了许多的典故和成语，人们耳熟能详的胡服骑射、完璧归赵、负荆请罪、邯郸学步、毛遂自荐、围魏救赵、黄粱一梦等都出自邯郸。据统计，出自邯郸或与邯郸有关的成语典故达1584条，几乎可以编成半部成语词典了！故此，邯郸被誉为"中国成语典故之都"，在邯郸的街头巷尾，随处都能见到与成语有关的雕塑和标记，在邯郸市博物馆，还辟有专门的空间，让参观者体验同邯郸有关的成语。

邯郸故城的规格与布局

邯郸曾经是多个政权的都城，但今天所称的邯郸故城，却是专指战国时期赵国的都城邯郸。经过考古勘察，结合文献记载，对赵国的邯郸故城的了解已经比较清楚。赵邯郸故城遗址包括赵王城及大北城遗址两部分，总面积约1800万平方米，周长约25千米。

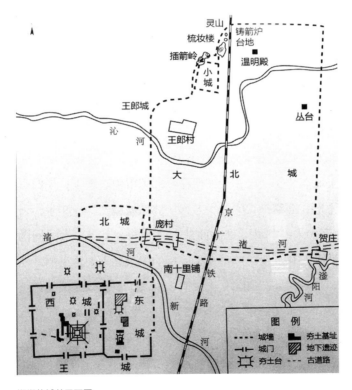

邯郸故城总平面图

赵王城是战国赵王的宫城，位于今邯郸市区西南郊，总面积达512万平方米，是保存最为完好的战国古城址。赵王城城址由西城、东城、北城三个小城组成，平面呈"品"字形。西城近方形，四面城墙保存完整，残高3—8米，内有5座大夯土台。中部偏南的龙台台基是中国现存规模最大的王宫基址，当年应是一组回廊环绕的高大建筑。东城面积小于西城，四面城墙大部分完整，内有三座夯土台，以南北两个台为大，传为赵王阅兵点将之处。北城面积大于东城，为不规整方形，现今地面还保存了部分夯土墙址。遗址西部的夯土台，面积仅次于龙台。赵王城各城墙内侧呈阶梯状收缩上升，顶部铺设板瓦，每隔一定距离铺设陶制排水槽，其独特的城墙排水体系为全国同类夯土城址中所仅见。

大北城即郭城，是居民栖居并从事手工业、商业活动的城邑，位于王城东北60余米，大部埋在今邯郸市中心地下，平面呈不规则长方形，面积约1200万平方米。郭城城墙宽20—30米，残存高度0.3—10米。郭城北部和西部有高大的夯土台，台的周围发现有大型础石和瓦片，应是互相连接的一组高大的建筑群。在今地面下4—9米深处，战国文化层遍及全城。在部分战国文化层下，发现有春秋时期的遗物。中部偏东处发现有战国时期的炼铁、铸铜、烧陶、制骨和制石等作坊遗址和陶井遗迹。

考古勘察发现赵王城南郊有壕沟，向西连接渚河，向东推测应与不远处的滏阳河相连。这一壕沟与天然河道相结合，构成了赵王城南面及东、西两面近郊的防御体系，它们与城垣外侧的城壕一起，构成了赵王城规模宏大而完整的壕沟防御系统。

赵王城在东周列国都城遗址中的保存情况最好，是研究东周城市考古的重要标本。在赵王城的勘查发掘中，出土了不少战国时期的遗物。出土的陶器常见的有陶筒瓦、板瓦、瓦当、空心砖、排水槽、水管、豆、盆、罐等，多系泥质灰陶，火候高，质地硬，纹饰有绳纹、弦纹、云雷纹、米格纹，部分陶片有"邯亭"戳记。其他有铁锛、货币、铜镞、石夯锤等。货币上的铭文有"甘丹""明""白人""安阳"。故城范围内的墓葬则出土了制作精美的青铜器和装饰品。

铜鎏金嵌玉三龙形饰

白玉透雕龙形佩饰

在这里还应该提到战国赵王的陵墓，即一般所称的赵王陵。赵王陵又称三陵陵墓、温窑灵台，被誉为"东方的金字塔"，位于邯郸市丛台区与永年区的西北交界处，处于紫山东麓的丘陵地带，距邯郸市区20公里。赵国自赵敬侯迁都邯郸后，经成侯、肃侯、武灵王、惠文王、孝成王、悼襄王、幽缪王八代帝王，前七位都埋在这个陵区。

赵王陵2号陵出土的青铜马

我在进入邯郸市区之前，本来想先去看一下赵王陵，但由于其地域太广，导航又不清楚，在某个陵区转了半天，也没有找到具体位置，问当地的老乡，也都说不清楚，无奈只好离开，在邯郸博物馆才具体弄清陵墓的布局和形制。这些陵墓依山而建，气势恢宏，虽经两千多年的风雨侵蚀和人为损坏，部分陵台、陵墓封土、墓台、神道等保存仍十分完整。陵台都是坐西朝东，东边均筑有"神路"，东西笔直，呈斜坡状自下而上直达陵台。五座陵台上的七个封土高大的古墓，被认为可能是赵敬侯、赵成侯、赵肃侯、赵武灵王、赵惠文王、赵孝成王、赵悼襄王七个赵王的陵墓。世纪之交的二三十年里，赵王陵曾多次被盗，公安机关破案及时，追回了不少被盗文物，如1997年10月，2号陵台被盗，公安机关于1998年至1999年追缴回3件青铜马、1件兽面铜铺首、1件透雕花纹金牌饰和209片玉片等珍贵文物。

强军之国的灭亡

公元前386年，赵敬侯将国都从中牟迁到邯郸，为邯郸的发展打下了良好的基础。经成侯、肃侯，邯郸得以稳步发展。公元前325年，武灵王赵雍即位，他锐意改革，推行胡服骑射，在赵国北部与游牧民族交界地区训练骑兵，改变了战国时代的车战作战方式。此后他联合秦、楚、宋，牵制齐、魏、韩等国，趁诸国混战之际，持续进攻中山国，将其彻底攻灭。在此期间，他巡行北疆，收服林胡、楼烦二族，开辟云中、雁门、代郡三郡，筑"赵长城"于阴山下，拓地千里，使赵国国势为之一振，成为与齐、秦并列的强国，他自己升格称王，邯郸空前兴盛。

公元前298年，赵惠文王继位。他重用人才，手下的蔺相如、廉颇、赵奢等名臣重将是著名的"将相和""渑池会""阏与之战"等历史事件的主角，赵国的霸主地位进一步巩固和提高。此时邯郸的发展突飞猛进，成为战国时期的"大都市"。公元前265年后，赵国开始走下坡路。赵孝成王在强大的秦军攻势下，弃用廉颇，起用只会"纸上谈兵"的赵括，致

胡服骑射改革前战国形势图

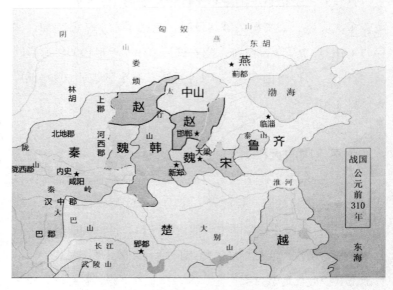

胡服骑射改革后战国形势图

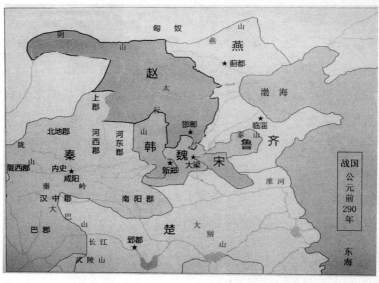

使长平一战，赵国惨败，数十万军卒被杀，元气大伤。

悼襄王和幽缪王时期，全靠大将军李牧南征北战，赵国才获得喘息之机，但幽缪王轻信郭开的谗言，杀害李牧，任赵葱为大将军。赵葱无能，不能抵挡强秦的进攻，公元前228年，邯郸被秦攻陷，赵幽缪王被擒，赵国灭亡，邯郸成为秦国的一个郡。秦二世胡亥元年（前209），秦将章邯攻赵，"夷其城廓"，赵王城毁坏，以后逐渐变为废墟。此后邯郸虽然数次成为北朝各政权的都城，但其辉煌再未重现。

在磁县发现北朝：访北朝考古博物馆

到访邯郸，本来拟定的目标是赵邯郸故城和响堂山石窟，但在寻找博物馆的地址时，意外地发现这里还有一个北朝考古博物馆。对于北朝，我不甚了了。因为大学时，通史课中北朝的内容草草而过，后来自己的阅读，也更多地偏重南朝，觉得南朝文化发达，人物优雅，北朝粗犷不文。所以此刻见到有这样的博物馆，我的兴趣一下子就提起来了。

北朝考古博物馆位于邯郸旁边的磁县。在磁县的东南部区域，有南北绵延达15公里、东西约14公里的古代墓群，过去认为这是所谓的"曹操七十二疑冢"，其实这些墓葬是北朝东魏、北齐时期的帝王及皇族的墓群，与曹操无任何关系。1988年，北朝墓群被列为"全国重点文物保护单位"。近几十年的发掘中，墓群内出土大量的瓷器、金银器、陶俑、墓志铭和壁画等，成为研究北朝历史文化的珍贵实物资料，依托这些资料，才有2020年北朝考古博物馆的创立。我驱车数十公里，专门来到这家博物馆，徜徉在海量的北朝文物中，增长了许多知识。

何谓北朝

北朝（439—581），指中国东晋十六国之后存在于北方的五个朝代，包括北魏、东魏、西魏、北齐和北周。这五个朝代与南方地区在东晋灭亡后相继出现的宋、齐、梁、陈四个朝代（即南朝）对峙，合称南北朝。唐朝以后修史，南北朝自有其史。今天的所谓"二十四史"中则分别有《南史》《北史》。

北魏是鲜卑拓跋部所建，又称元魏。公元395年至439年，北魏击灭后燕、后秦、大夏、北凉、西秦、北燕等割据势力，统一北方。493年，孝文帝拓跋宏迁都洛阳，大举推行汉化改革。后来，北魏统治者日益腐化，吏治败坏，激发六镇起义，北魏内乱迭起，权力落入权臣高欢手中。

永熙三年（534），北魏孝武帝元修从洛阳逃至长安，投靠北魏将领、鲜卑化的匈奴人宇文泰。次年宇文泰杀孝武帝，立孝文帝的孙子南阳王元宝炬为帝，史称西魏，政权实由宇文泰掌握。元宝炬即魏文昭帝，改元大统。大统十七年（551），元宝炬死，长子元钦嗣位。三年后元钦为宇文泰所废，不久被毒死，元宝炬四子元廓即位，是为恭帝。宇文泰在西魏推行胡化

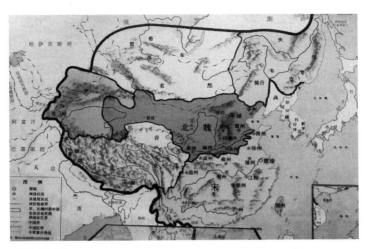

北魏时期全图

运动，元廓被迫改回拓跋之姓。魏恭帝三年（556），宇文泰病死，其侄宇文护承继。次年宇文护迫使魏恭帝禅位于宇文泰之子宇文觉，西魏灭亡。

孝武帝元修投奔宇文泰之后，高欢拥立年仅十一岁的北魏孝文帝的曾孙元善见为帝，即孝静帝，东魏开始。550年，孝静帝被迫禅位于高欢之子高洋，东魏灭亡。高洋即帝位后，改国号为齐，建元天保，建都邺城（今河北临漳），史称北齐。北齐皇室是个疯魔家族，在统治期间，几任帝王纵欲乱伦、内斗不断，高齐王朝因此成为历史上著名的"禽兽王朝"。由于严重的胡汉矛盾以及后主高纬诱杀大将斛律光、赐死兰陵王高长恭，北齐王朝自毁长城，迅速衰弱，于577年被北周攻灭，享国仅有28年。

宇文护拥立宇文泰之子宇文觉为帝，改国号为周，建都于长安（今陕西西安），史称北周。九月，宇文护杀宇文觉，立宇文毓为帝。武成二年（560），宇文护又毒死宇文毓，立宇文邕为帝。建德元年（572），宇文邕除掉宇文护，亲掌朝政，进行了多方面的改革。建德六年，北周灭北齐，统一北方。大象二年（580）五月十一日，北周宣帝宇文赟病死，继位的静帝宇文阐年幼，左丞相杨坚专政。581年，杨坚受禅代周称帝，改国号为隋，北周亡。

北朝结束了中国从西晋的八王之乱起将近150年的中原混战局面。后来的隋唐两朝的开国皇帝都是北朝权贵，他们在军事、政治的各个领域都沿袭北朝的制度并加以发展和创新，奠定了隋唐大一统、大融合的基础。北朝考古博物馆展陈的名称就是"走向隋唐——东魏北齐文化艺术集萃"，陈列内容也很好地体现了历史发展的面貌。

北朝的经济与生活

磁县北朝墓群出土的众多物质文化材料不仅反映出当时邺城地区上流社会追求奢侈享受与高尚文化的生活场景，也让我们了解到普通民众的生活状况，包括社会生产、生活起居、文化艺术、宗教信仰等多个方面，而那些极具中国和西亚文化特色的装饰纹图、乐舞图像、骆驼胡俑及罗马拜占庭金币等，生动地再现了当时东西方文化交流的繁盛场景。

北朝时期上层变动频繁，但社会经济和对外交流续有发展。北魏统一北方后，经过各族人民长期的辛勤劳动和共同努力，生产关系得到了调整，生产有明显的发展。东魏北齐时期，农业、盐铁业、陶瓷制造业等各方面的发展，使得北齐成为三强鼎立时代最为富庶的国家。东魏北齐承袭北魏的均田制，农业生产相对稳定。同时脱离军镇制度，实现兵农分离，还实行"禁烧"，保护草原和植被，在一定程度上促进了社会经济的发展。中国古人向来视"五谷丰登、六畜兴旺"为生产繁荣的标志。东魏北齐时期墓葬中有一类较为特殊的随葬品，包括马、牛、羊、猪、狗、鸡等，这类模型明器在墓葬中出现，表达着当时人祈求物产丰富的美好愿望。

陶瓷器生产的大发展是东魏北齐时期手工业的一大特色，不仅在北方低温铅釉陶基础上发展出新型的单色和双色铅釉白胎器，从南方传入的青瓷技术也在北方地区实现本土化，直接促成了北方白瓷体系的形成和隋唐时期三彩器的盛行。邺城地区是北方陶瓷业发展的重要中心之一，目前发现窑址以临漳（邺城）曹村窑、磁县贾壁窑、峰峰临水窑、安阳相州窑等为代表。这些北朝窑址和产品的发现，反映出北方地区陶瓷制造业的复兴和发展。

北朝时期，邺城是东魏和北齐的都城所在地，开创了一种布局规划严整、功能分区明确的里坊制城市格局，是具有国际影响力的大都会，和南北方地区以及周边国家都有贸易往来，

北魏司马金龙墓出土的驮粮驴

北齐库狄回洛墓出土的黄釉莲瓣纹尊

以邺城为起点的丝绸之路，穿越山西、陕西、甘肃等地，一直通到古罗马。当时受外来影响，高足家具逐渐盛行，与之对应的是，生活用器从扁平向纵高方向发展，生活用器从铜器、陶器、釉陶器向瓷器转变，玻璃器、金银器在上层社会的生活中日趋流行。而衣冠服饰方面，北朝的统治者易胡服、着汉装，从帝王到官吏，均穿上了以宽袍大袖、高冠危履为主要特征的褒衣博带式服装，不过人们在日常生活中所着主要仍是轻便简捷的便装。同时，牛车和步舆成为该时期贵族出行的流行交通工具。

北朝的文化与艺术

北朝时，社会动荡不安，却是中国文化艺术的大发展时期，成就辉煌。这些文化成就在中国文化艺术发展史上具有承上启下的作用。北朝文学以诗歌、骈文和小说为主要形式。其中，诗歌以清新脱俗、意境深远为主要特点，著名的《敕勒歌》《木兰诗》等作品就是杰出的代表。

北朝佛教发达。云冈石窟、龙门石窟、敦煌莫高窟、麦积山石窟、天龙山石窟等是佛教雕塑的杰出代表。云冈第20窟的大佛座像是石窟艺术中最雄伟的作品之一。佛像容貌丰满，两肩宽厚，衣褶线条紧贴身躯，庄严中寓有慈祥，表现出佛陀的胸怀气度。不过佛教的发展在北齐已达致走火入魔的境地。北齐人口仅有2000万，寺院却有三四万所，僧尼达两三百万众，仅邺城一地，就有4000余座寺院，其中43所是皇家寺院，其时开凿的石窟遍布今山河四省。北齐的对手北周的情况也好不到哪里去。佛教掌握庞大的人口和财产，对政权而言是一个巨大

高洋墓墓门上方壁画

的拖累和威胁，于是有北周建德三年（574）周武帝宇文邕的毁佛之举。

墓葬中出土的陶俑也反映了当时高超的雕塑艺术。出土的陶人俑、动物俑、镇墓兽逼真传神，各种身份特征鲜明。陶俑中除了汉人外，还有不少身材魁梧、高鼻梁的"鲜卑人"和头发卷曲、眼窝深陷的"西域人"，这也印证了北朝是一个民族大融合、大发展的特殊时期。

许多北朝贵族墓葬都绘有壁画，如湾漳壁画墓、高洋墓、茹茹公主墓、高润墓、元祐墓和高孝绪墓等。这些墓的壁画多彩绘在墓道、墓室、墓顶等处，内容主要有出行图、升仙图、狩猎图、宴饮图、鼓吹图及天象图等。墓葬壁画初期以草原风格为主，后汲取中原优长，融合西域画风，兼容并蓄，形成特色。其中的高洋墓墓道东西两壁分别绘53人组成的仪仗队列，以青龙、白虎为先导，从墓里向外徐徐行进。队列上方的天空位置，有祥禽、瑞兽、流云、莲花。两壁画面构图对称，人物大小与真人相当。所绘仪仗中，有的应属皇帝专用卤簿仪仗。墓道地面有地画，中间为南北向等间距的14朵大莲花，两侧为忍冬、莲花构成的二方连续纹样。甬道和墓室内的壁画绘人物、神兽、动物等。甬道南端的门墙上绘一高达5米的伫立大朱雀，两侧有神兽、羽兔、莲花。墓室顶部绘天象图，由天河、星宿组成。高洋墓的壁画被专家称赞为："壁画之巨，内容之丰富，技艺之精湛，气韵之生动，艺术水平之高超前所未有！"

响堂山石窟：短命王朝的艺术绝唱

响堂山石窟是我必须造访的地方。其缘由，一方面是对其慕名已久，另一方面是它就位于太行山滏口陉的东口，处在进出山西的必经之路上。由邯郸到响堂山所在的峰峰矿区只有几十公里，我从邯郸出发，不到一个小时就来到峰峰市。峰峰此地，我久闻其名，城市虽然不大，但干净整洁。不过我也能隐约看出，随着矿产资源的枯竭，城市的发展后劲似嫌不足。

出峰峰城不远，便是响堂山石窟了。响堂山石窟分南北两处，相距约15公里。之所以称为"响堂山"，据说是因北响堂山石窟位于山腰，人们谈笑、拂袖、走动均能发出铿锵的回声。南北响堂山石窟现存石窟16座，摩崖造像450余龛，大小造像5000余尊，还有大量刻经、题记等，是河北省现已发现的最大的石窟。响堂山石窟承前启后，是中国石窟艺术发展史上从大同云冈到洛阳龙门过渡阶段的一个重要标志，也是研究中国佛教、建筑、雕刻、绘画及书法艺术的重要宝库。1961年3月4日，响堂山石窟被国务院公布为第一批全国重点文物保护单位。

开凿与研究史

两处响堂山石窟均始凿于北齐时代（550—577），隋、唐、宋、元、明各代均有增凿。北齐取代东魏之后，有两个政治中心，一是国都邺城，一是别都晋阳（山西太原）。地扼太行山东西交通要隘的鼓山，是两都来往必经之地。这里山清水秀，石质优良，北齐皇帝高洋笃信佛教，将佛教奉为国教，故选择此处凿窟建寺，营造宫苑，作为他来往于两都之间的休憩、避暑和礼佛之地。要知道，北齐存续的时间只有28年，经济也不很发达，他们开凿这样宏大的石窟，可以说是举全国之力，结果是石窟凿成，国家覆亡。现今，皇帝的行宫早已荡然无存，寺院残破不堪，而凿在岩壁上的一座座佛龛雕像却保留了下来，成为后人研究和欣赏的珍宝。

北齐以后，隋、唐、明各代又在北响堂山开凿了6个窟，但规模都不大，雕刻装饰也比较简单。此外后代还利用北齐洞窟内外岩壁开凿有不少造像龛，其中隋龛近50个，最早为开皇四年（584）；唐龛约300个，以武周时期居多。

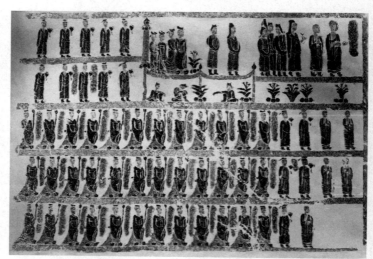

南响堂山石窟艺术博物馆的造像拓片

响堂山石窟开凿后，经历过历史上几次大的废佛运动，加上历代的战争和盗凿，破坏很严重，许多佛头都被盗凿。最早对响堂山石窟开展的研究工作是日本人长畈大丁在1922年的考察。其后，1935年中国学者徐炳旭、顾颉刚带领学生在南、北响堂山石窟进行考察，其后印行出版了《南北响堂寺及其附近石刻目录》，确认响堂山石窟是以北齐石刻为主的石窟群，这是中国学者对石窟寺艺术进行研究之始。1936年日本学者水野清一、长广敏雄对响堂山进行调查，并出版有《河北磁县·河南武安：响堂山石窟》一书。新中国成立后，宿白、马世长等学者对响堂山石窟都有精深的研究。而今响堂山石窟的周边环境和基本设施都有了实质性的提升，建起了博物馆和数字展示厅，可以让游客更好地了解石窟的前世今生。

南响堂山石窟

因为我是自驾从峰峰而来，所以先看峰峰近郊的南响堂山石窟。据隋代的《滏山石窟之碑》记载，该窟始建北齐天统元年（565），但这处石窟并非皇家出资建设，而是北齐权臣高阿那肱向皇帝的献媚之作。景区现存大小石窟9座，其中有名字的7座，分上下两层，上层5座，下层2座，自下而上分别为华严洞、般若洞、空洞、阿弥陀洞、释迦洞、力士洞和千佛洞。这里共有大小造像3700余尊，有纪年题记38处。

南响堂山石窟中，以华严洞规模最大，而以千佛洞最为精

般若洞侧壁的千佛

彩。华严洞高约4.9米，宽和深各约6.3米，内刻《大方广佛华严经》，故称华严洞。窟内正面壁龛内雕一佛二弟子四菩萨七身像，但仅余主尊坐佛较完整；南壁正中上部有阿弥陀佛净土图故事的大型浮雕，南面中心柱上部有释加说法图和佛本生故事浮雕。

　　位于上层的千佛洞小巧玲珑，保存较好。窟顶外壁上方雕覆钵塔，塔端雕卷云状山花蕉叶，中雕展翅欲飞的金翅鸟，钵顶雕宝珠，两侧各雕八角形宝珠顶柱。前廊两侧雕力士像。窟内三面宝坛上各龛均雕一佛两弟子两菩萨，正面龛主尊为释迦佛，左面龛主尊为阿弥陀佛，右面龛主尊残失。洞壁广造千佛，有大小造像1028尊，故名千佛洞。窟顶微隆，中央雕莲花，周雕八身飞天，两两相对，形成各组对称的轻歌曼舞的神仙极乐世界。此窟结构严谨，雕艺精致，尤其是外壁的大型雕刻、窟顶的飞天雕刻，都是无与伦比的艺术珍品。

在南响堂山石窟前，有一座宋代的砖塔。在进大门后，有一处石窟博物馆，展厅除了展陈出自响堂山石窟的佛头、佛手、佛像外，还专门辟出一地，讲述响堂山石窟被盗的黑暗历史。

北响堂山石窟

北响堂山石窟位于峰峰矿区的鼓山半山腰处，山上现存石窟9座，其中以北齐皇室开凿的北洞（大佛洞）、中洞（释迦洞）、南洞（刻经洞）三座大窟最为出色。这几座石窟雕刻精美、技艺精湛、气势宏大，代表了北朝晚期石窟雕刻艺术的巅峰。

位于窟群北端的大佛洞规模最大、艺术价值最高、装饰最华丽。因洞中有整个响堂山石窟中最大的一尊释迦牟尼佛像，得名大佛洞。佛像高约4米，神气秀逸端庄，肌肉丰满，线条柔和，面部平素无饰，虽经上千年的风雨侵蚀，仍然光洁如新。遗憾的是，大佛的头部早年被盗，现在的是后装上去的。石窟内部为中心柱式的塔庙窟，周壁共开16个小龛，龛中各雕一座佛像。中心柱由基坛、塔身、塔刹三部分构成，南、北、西三面各开一龛，每龛均为一佛两菩萨。基坛两端雕凿畏兽托起立柱，这些畏兽系源于波斯文化的影响。塔柱雕饰忍冬纹，塔刹顶端为山花、蕉叶托起的火焰宝珠。纹饰运用深浅浮雕，使图案极富变化，其精美程度令人惊叹。

北魏时期，僧徒大统领法果提出"帝即是当今如来"主张，拜天子就是拜佛，使得佛教造像上出现了佛与皇帝的合身像，这既体现在了龙门石窟、云冈石窟上，也体现在了响堂山石窟中。据说大佛洞就是北齐开国皇帝高洋为其父、东魏权臣高欢所建造的，不仅佛像是同高欢的合体，中心柱顶部还有所谓"高欢陵穴"。但据实地考察，顶部的洞窟并没有葬具之类，也没有发现人骨。

同样开凿于北齐的释迦洞为中心方柱式塔庙窟，分前后室，后室正中雕方柱，方柱正中开大龛，雕一佛二弟子二菩萨像；外间两侧大龛内雕菩萨力士像。南部的刻经洞为三壁三念佛殿窟，也分前后室，后室正壁及左右壁开大龛，雕一佛二弟子四胁侍像；前室甬门西侧刻《无量义经》，两侧窟廊刻鸠摩罗什译《维摩诘经》全本，由唐邕书写。此举开创中国在石壁上大规模镌刻佛经的历史，唐邕也被称为中国刻经第一人。唐邕所书以楷法写隶，间有篆意，被称为"中华第一刻经"，其艺术价值可与王羲之《兰亭序》媲美。

在北响堂山石窟下方有常乐寺遗址。常乐寺始建于北齐天保年间，初名智力寺，宋时改为常乐寺。该寺多次毁于法难兵燹，宋、金、明、清都有重修，但在1946年又被大火烧毁，如今整座寺庙只剩山门之外的一座宋塔与寺内的一些石刻构件

大佛洞主尊佛像

释迦洞主尊雕像

释迦洞的菩萨形象

留存。寺庙的中轴线清晰可辨，由南至北依次为山门（天王殿）、石塔、三世佛殿、金代石碑、两座宋代经幢、大雄宝殿和地藏殿。其中山门是在新中国成立后复建的，其他皆为残垣断壁。寺庙山门之外的宋塔名为普同塔，是整个景区内最高的建筑物，俏立在石窟所在的鼓山山脚，吸引着来访者的目光。

响堂山石窟的创新

响堂山作为北齐皇室开凿的大窟，体现了当时佛教造像风格的变化。响堂山最早开凿的大佛洞，凿刻时间在东魏武定五年（547）之前，却与同时期（或稍前）的诸多造像格调异趣。这时期的佛像，表现出北齐民族的强健和豪迈，形体敦厚结实，面稍丰满，高鼻长目。结跏趺坐或半结跏趺坐于圆形莲座上，衣纹疏宕，成不规则阶梯状布于全身，下摆铺于座面。菩萨的体态也是浑圆敦实，其造型给人一种厚重之感。北响堂大佛洞左龛内的菩萨扭躯斜胯鼓腹、重心落于一脚的特点，应是开了隋唐造像那种"浓艳丰肥""细腰斜躯三道弯"的先河。佛弟子面型与菩萨相同，体态浑圆，衣式简洁明快，下身也与菩萨相似，有"曹衣出水"之风。

响堂山北齐造像的雕刻技法在继承北魏风格的同时，又有创新，即在吸收北魏直平刀法的同时，又使用圆刀法进行混合处理，尤其表现在衣纹转折处更为明显，从而使造像的服饰趋于圆润，更加真实；在表现造像的肌体上更多地使用圆刀法，使造像增加了无限的生命力，并表现出鲜明的个性。石窟雕刻与壁画彩绘相结合，也是响堂山的独创。

响堂山石窟既保留了早期佛教造像的特征，又创造出三大石窟中没有的新式样，有独特的魅力，以至著名石窟研究专家宿白先生认为："中国石窟艺术的缩影在响堂。"

一将功成万骨枯：访秦赵长平之战遗址

从响堂山石窟下来，我循滏口陉西进，穿过太行山，才算正式开始了山西的访古之行。由滏口陉进出山西，在我已经是第二次了。2021年，我曾经到晋中南旅行，就从此经过。当时正是盛夏，群峰葱茏，山色如黛，极是壮美；此刻再发滏口陉，时节才交初夏，树叶刚刚变绿，又是一番景象。

在我的山西访古之行中，古建筑也是考察的重要内容，初入山西，我要去考察的就是三处古建筑，他们分别是金代的下霍护国灵贶王庙、唐代的法兴寺和北宋的崇庆寺。下霍护国灵贶王庙的金大定甲辰年所建大殿，法兴寺的唐石舍利塔、燃灯塔和宋塑十二圆觉像，崇庆寺的宋代大殿和十八罗汉雕塑都极有历史及艺术价值。

看完长子县的三处寺庙，我立刻赶往高平。去高平，是要考察长平之战遗址。因为高平就是古代的长平，战国后期，秦赵长平之战是对历史带来巨大影响的战役，我来到晋东南，不可不到高平一睹这处古战场遗址。

长平之战的经过

战国末期，齐、楚、燕、韩、赵、魏、秦这战国七雄之中，秦国经过商鞅变法，成为最强盛的国家，而赵国经过胡服骑射改革，成为东方的一个可以与秦国相抗衡的军事强国，因而秦赵相争成为战国后期的重点大戏。

秦昭襄王时，魏国人范雎投奔秦国，他向昭襄王献计说，只有做到"得寸即王之寸，得尺亦王之尺"，才能真正消化所取得的领地，因此主张"远交近攻"，即先把斗争重点放在离秦国较近的韩、赵、魏三国，而对较远的齐、楚暂时不理。昭襄王采纳了范雎的策略，于公元前263年发兵攻韩国，占领野王城（今河南沁阳），将韩国领地拦腰斩断。韩王十分紧张，欲将上党之地献给秦国以求和，但是上党将领冯亭以及部下军民不愿意投降秦国、希望联合赵国共同抗击秦军，于是将上党十七城献给了赵国。秦王眼看快到手的城邑归了赵国，十分恼火，于是派将领王龁发兵上党，从而拉开了长平之战的序幕。

赵国将军廉颇深知秦国远途作战，粮草不足，于是采取防御战术，筑垒固守。廉颇的战术有效地阻止了秦军的进攻。秦军大兵团远征作战，三年不胜，消耗极大，此时国内又发生大规模饥荒，战争持续下去，对秦军极为不利。于是秦王采纳范雎的计策，买通赵王近臣，又在赵国民间散布谣言说："秦军不怕老将廉颇，而惧怕年轻有为的马服君之子赵括。"赵王本就对廉颇坚不出战不满意，又听信近臣的谗言，便准备换将。

当时赵国的将领中，名将李牧当时还年轻，乐毅弃燕投奔赵国不久、未受重用，而赵奢之子赵括向来有知兵的美誉，赵王便问赵括能否打退秦军。赵括说："要是秦国的统帅是白起，我的胜算不大。如今的将领是王龁，我可以打败他。"于是赵王不顾蔺相如和赵括母亲的谏阻，派赵括去接替廉颇为主将。赵孝成王七年（前260）农历七月，赵括统率二十万援军来到长平，接替廉颇为主将。

赵括到任后，一改廉颇的作战方针，主动出兵进攻秦军。秦昭王得知赵括代替廉颇担任主将后，立刻以武安君白起为上将军，以王龁为副将，令军中严守此秘密。赵括进攻秦军，白起佯装败退，赵括不知是计，命令赵军乘胜追击，直到秦军的营垒之前。这时白起派军突袭到赵军的后方，截断赵军的后路，又派出精兵向赵军发动攻击。赵括发现被围，下令停止进攻，就地建造壁垒，转为防御。赵括将赵军组织成四支突围部队，轮番冲击，仍不能突围。到农历九月，赵军主力已经断粮46天，大量赵军士兵或饿死、或因突围不成而死亡。赵括无奈，亲率精锐部队强行突围，结果仍不成功，自己也被秦军乱箭射死。

赵国军队失去主将，且伤亡惨重、无力再战，只好向白起投降。白起受降后说："赵国士兵反复无常，如果不全部杀掉他们，恐怕再生事端。"于是命令秦国军队将赵国降军全部坑杀，只留下年纪尚小的240名士兵放回赵国。长平之战中，秦国军队前后斩杀赵国士兵45万人，战役以秦国获胜而告终。对于这场大战，《史记·赵世家》的记载是："赵遂发兵取上党。廉颇将军军长平。七月，廉颇免而赵括代将。秦人围赵括，赵括以军降，卒四十余万皆阬之。"

长平之战尸骨坑的发现和发掘

大概是长平之战的结果过于惨烈，尽管赵国等国的史籍对长平之战曾有详细记载，但"焚书坑儒"后，有关长平之战的史料悄然不见，《史记》等史书对此战的记载也是匆匆带过，语焉不详。因此，"白起坑赵"便成了只有传说而无实证的历史悬案。

就在众多学者为解开这桩悬案四处寻找线索时，高平市永录乡永录村村民李珠孩，却在自家梨园里意外地揭开了谜底。1995年5月12日，60多岁的李珠孩和儿子李有金在将军岭下的承包地里刨地时，发现了大量白骨；李有金还发现尸骨堆里有一串长满铜绿的钱币，很多骨头上带有箭头。两人立即上报。山西省考古所组织专家来到现场考察，从而使沉睡了两千多年的长平古战场重见天日。

1995年10月20日，山西省考古所、晋城市文物局、高平市文博馆联合开始了长平之战遗址的考古发掘。考古人员剥离开地表土层后，经过几天几夜的工作，终于将这个长11米、宽5米、深1.2米的尸骨坑全部挖开。这个坑编号为将军岭1号尸骨坑。坑内尸骨无规则地层层叠压，有的是仰面，有的是侧面，有的是俯身，有的头与躯干分离，有的头部有钝器、刃器、石块造成的创伤，看上去触目惊心。此外，坑内还出土了刀币、铜镞、铜带钩、铁带钩、铁簪、陶器残片等。

尸骨坑发掘现场

考古人员根据发掘状况推测，此坑所埋赵军官兵尸体超过百具。此外，考古人员还探测到，在1号坑的西侧，还有一个宽3—4米、长55米的大尸骨坑，他们将其编为2号坑。考古人员分析认为，这两个坑均为深坑，不像秦军专为掩埋战俘尸体所挖，更像是天然的深沟大壑。当年，秦军是将战俘尸体抛入深沟内，再填上一层薄土加以掩盖，经过两千多年的环境变化，才使这些尸骨深埋地下。这两个尸骨坑是迄今为止最原始、规模最大、最具有文物价值的长平之战古战场尸骨坑遗址。它的发掘，印证了长平之战后秦军屠杀赵国战俘这一历史事实，同时，长平之战的许多疑难问题也据此得以澄清和解决。

基于这一发现而考察确定的长平之战遗址就在今山西高平城北10公里的长平村。遗址范围广阔，西起骷髅山、马鞍壑，东到鸿家沟、邢村，宽约10公里；北起丹朱岭，南到米山镇，长约30公里。

长平之战的后续

经过长平决战，秦国打败赵国，扫除了统一六国的一个大障碍。不过长平之战也留下了许多疑问，最大的疑问是：白起为什么要杀掉40万赵卒？今天来看，此事似乎也是无奈之举，因为这40万赵国的士兵，养，养不起；放，放不得；编，编不成，只能处理掉。养不起，是因为当时秦军远途作战，粮草困难，能养活自己的士兵已经很不容易，根本负担不起40万赵军所需的粮食。放不得，是指放了40万赵军，就是放虎归山，秦军等于没有消灭赵军有生力量。编不成，是指将40万赵国军队编入本国军队序列，很容易引发大规模哗变。尽管如此，白起的这个举措还是为他带来千古骂名。固然历代都将其称为军神，但民间则认为其杀戮过重、大体对其采取贬抑的态度。

这40万赵卒究竟是如何被杀的呢？相当多的史籍在记载长平之战时，都沿用了司马迁"阬之"的说法。阬，在古代汉语里是"活埋"的意思，所以后代的许多讲史者都称白起"活埋了赵国40万战俘"，不过谁也说不清这40万人究竟是怎么被活埋的。我读史至此，也是百思不得其解：那是40万人啊！全部活埋，是如何做到的？长平之战1号尸骨坑的发掘，很好地解答了历史的疑问。尸骨坑的许多尸骨上，有遭砍、射的痕迹，有的仅有躯干而无头颅，有的胯骨中还遗留着箭头，说明这些赵国士兵都是被杀死后掩埋的，由此可知，白起活埋赵卒之说不能成立。

长平之战虽然已经过去了2200多年，在高平仍可以看到很多与此有关的遗迹、听到很多与此有关的传说，同战争有关的地名，如康营、谷口、围城、箭头、企甲院、三甲、赵庄、徘徊等，今天仍在留用；百里长城（又称秦垒）、营防岭、空仓岭、白起台、骷髅山、将军岭、廉颇屯等许多遗迹尚存；秦军为断绝赵军的粮道和援军而修筑的长城，西起丹朱岭，经关和岭、羊头山，到陵川的马鞍山，蜿蜒曲折百余里，遗址尚可见到。围城村，相传为赵军被秦军围困处，赵括就死于此地。赵庄村，相传长平大战中赵括死后，当地老百姓将赵括尸体偷回，葬于村北的二仙岭上，为使子孙后代不忘赵国，遂将此地改名为赵庄。谷口村，相传是白起坑杀赵军的地方，又名杀谷、哭头、省冤谷，位于高平市城西5公里处，村子里有白起

调查人员踏查战场遗迹（沟壁可见白骨）

台、骷髅山、骷髅王庙等古迹，现存的骷髅王庙为清代遗构，庙内塑赵括夫妇像。

这里有必要记一笔尸骨坑的发现者李珠孩。这位老农在发现尸骨坑后，就义务担任尸骨坑的守护者。他没有要求报酬、义务守护了8年，直到2003年长平古战场永录尸骨坑遗址展示厅建成。因自家的近3亩梨园被征用、建成展示厅，他无地可种，只能自己想办法开荒。但每天只要有空，他就会到展示厅去转转，把自己当年发现这个遗址的故事讲给游客听，其义举殊堪赞扬。

重瓣之花的丰赡意蕴：访庙底沟仰韶文化博物馆

从长子县南下，就是晋城。晋城东晋时置郡，北魏置州，清置府，是一座千年古城。晋城属地文物古迹众多。据说到2023年，晋城境内有国保单位72处、宋金以前木结构古建筑58处，有226个国家级历史文化名镇名村和传统古村落，仅沁河流域就分布着117座古城堡、15万间明清古建筑。在晋城我选了有代表性的羊头山石窟、开化寺、玉皇庙加以考察，北魏孝文帝太和年间开凿的羊头山石窟在散处山坡的大石上雕造佛像、开化寺大雄宝殿中的宋代壁画、玉皇庙二十八星宿殿中的元代二十八宿泥塑像都很有名。

晋城之后，我的下一个目的地是河南山西交界的三门峡，准备去看新近落成的庙底沟仰韶文化博物馆。由晋城到三门峡，基本上是在太行山南段穿行，上岭下坡，虽是高速公路，行车之时也颇紧张，其中的一条大隧道长14公里，走起来十分刺激。

到达三门峡市，发现庙底沟仰韶文化博物馆就建在三门峡市庙底沟考古遗址公园内，2021年10月17日正式开馆。其基本陈列《花开中国》，是从历史发展的角度，讲述庙底沟文化从哪里来、到哪里去的发展历程、文化面貌及其重要影响，从而揭示庙底沟在中华文明发展中的主根脉地位，构建文化意义上"最早的中国"。作为考古专业的学生，我对庙底沟文化及其来龙去脉当然不陌生，尤其是它那奇妙的二方连续或四方连续的重瓣花纹常常浮现在我的眼前，不过因为机缘不到，一直没有到这个考古圣地瞻仰，总是缺乏一点实地体验，这次在博物馆看了大量的文物，又有新的启发，对于庙底沟的意义有了更清晰的了解。

庙底沟遗址的发掘和收获

庙底沟遗址位于三门峡市青龙涧河南岸的二层台地上。1953年的一天，考古学家安志敏率队到河南陕县开展调查。当他们乘坐的火车路过庙底沟时，铁道路沟两壁露出的灰层及灰坑引起了安志敏的注意。凭借专业人士的敏感，他认为这里埋藏着古代遗址。也因为这一眼，让深埋于地下6000余年的庙底沟遗址重见天日，前所未有的彩陶时代再次惊艳中原。

因建设三门峡大坝，国家文化部和中科院考古所组成黄河水库考古工作队，负责库区的考古遗址调查和发掘工作，于1956年9月至1957年3月对该遗址进行了第一次大规模发掘。发掘面积4480平方米，出土遗迹遗物丰富。这些遗存总体上属于仰韶文化时期，却与此前发现的仰韶文化半坡类型风格迥异，器具制作、纹饰更为精美。经过科学测定，考古专家们确立了年代为公元前4000年至前3500年的仰韶文化"庙底沟类型"。在同一遗址，考古学者们还发现了年代为公元前2900年至前2800年的属于中原龙山文化早期的庙底沟二期文化，从而在庙底沟遗址发现了仰韶文化和龙山文化之间的衔接点。这一考古发现价值极为重大。

还应提到的是，主持发掘的正是黄河水库考古工作队副队长安志敏，随后出版的发掘报告《庙底沟与三里桥》是学习新石器时代的考古人必读的书目。安志敏先生后来担任中国社会科学院考古研究所副所长，笔者编辑《中国大百科全书·考古学》时，安先生担任新石器时代考古分支主编，对笔者多有教益。

多年以后，2002年，为配合城市建设，河南省文物考古研究所、三门峡市文物考古研究所以及郑州大学考古专业的考古科研人员又组成联合考古工作队，进驻庙底沟遗址，对其进行了一次大规模的抢救性发掘，发掘面积达1.6万平方米，出土的遗迹遗物也极其丰富。

庙底沟出土的工具以打制砍砸器、刮削器、石刀、石铲为代表。陶器多为红陶，也有少数黑陶、灰陶，彩绘则以黑色为主。依发掘所见，庙底沟遗址已初步形成聚落结构的雏形。其东西两面都有壕沟，这些壕沟不仅有防御性质，也有防洪排水功能。居住区中，在圆形的半地穴式和方形的浅地穴式房址之间，有大量窖穴和灰坑。陶窑址集中，说明当时已有了专门的制陶区域。粟和黍是庙底沟遗址最主要的农作物，水稻和大豆所占比重有限，其农业结构是以旱作农业为主，稻作为辅。这一时期先民的肉食来源，是以饲养家猪为主，偶尔也狩猎、捕捞。这一时期出现了随意弃置尸体的现象，而且有的尸体明显呈挣扎状，说明暴力和冲突已经存在。

庙底沟文化的内涵与特质

庙底沟遗址发掘之后，以庙底沟一期为代表的文化遗存，被命名为仰韶文化"庙底沟类型"。这是中国考古学界第一次从仰韶文化中划分出的类型，而此前发掘的西安半坡以及与之文化面貌相近的遗址，则被命名为仰韶文化的"半坡类型"，后来则径直被称为半坡文化和庙底沟文化，二者代表时间上相接续的早晚两种文化。时间较晚的庙底沟文化陶器以深腹曲壁的碗、盆为主，还有灶、釜、甑、罐、瓮、钵及小口尖底瓶等，不见圜底钵。彩陶数量多，红色的素地上，多用黑彩描绘出回旋勾连纹、花瓣纹、窄带纹、垂弧纹、火焰纹、豆荚纹、网格纹等等，也有少量的动物纹。陶器的制作基本上是泥条盘筑，也有用手捏制的。陶色主要是红色。磨制石器以石铲较多，骨器出土较少。房屋是方形半地穴式，屋内有圆形火塘。四周墙壁用木柱做骨架，外边敷一层草拌泥。

庙底沟文化主要分布在黄河中游的豫陕晋地区，虽然存在的时间并不很长，但对周边地区文化的影响却非常大，用专家的话说："庙底沟类型的彩陶图案规范，特征鲜明，覆盖面积辽阔，跨越文化障碍的穿透力强劲，掀起了中国史前非常壮阔的一次艺术大潮。"在如此广大的地域内，广义的庙底沟文化，实际上又可以划分为不同的地方类型，比如关中地区往往被称为"泉护类型"，河南中部被称为"阎村类型"等等。

庙底沟文化的彩陶向四方播散，向西影响到甘青，向北辐

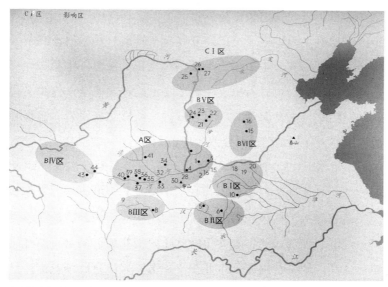

庙底沟文化对周边地区的影响（A：庙底沟类型；B：阎村类型；C：白泥窑子文化）

射到东北，向东扩散到黄河下游，向南则一直越过长江，最远到达洞庭湖以南地区。庙底沟文化彩陶的传播，不仅是一些纹饰题材的传播，更重要的是包含在这些纹饰中的象征意义的认同。

庙底沟时代的意义

庙底沟文化所处的时代，一般认为约公元前4000年至前3300年。这个时间，也是中国早期文化圈开始形成的时代。庙底沟文化是仰韶文化鼎盛期最具代表性的文化类型。它拥有同时期最先进的社会组织、经济形态和璀璨的文化艺术，携带着彩陶因子，以强劲之势影响到黄河下游、长江中下游和东北等地区，促进了当地史前文化的发展甚至转型。其辐射影响了大半个中国，形成了中国历史上第一次文化大融合。由彩陶向周边地区的传播，可以看出长江南北文化的趋同态势，这种文化趋同是后来一统文明建立的重要基础，所以庙底沟彩陶是最初的中国这一文化共同体最亮丽的标志。

考古学家严文明先生曾说："庙底沟彩陶很厉害，影响很广泛，其他地区只要有彩陶就几乎都受到它的影响。"他认为，以庙底沟为代表的中原地区就好比花心，山东、燕辽、甘青、江浙、湘鄂、巴蜀等文化区好比内圈花瓣，闽台、粤桂、滇、康藏、新疆、内蒙、东北等文化区，好比是外围花瓣。这

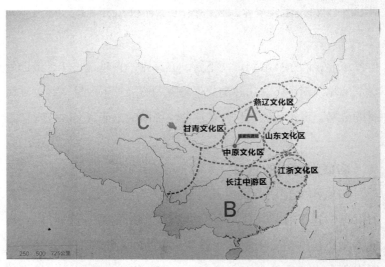

庙底沟文化在中华文化中的中心地位

庙底沟花瓣纹彩陶盆

样，整个中国就好像一个三重结构的重瓣花朵，因此可以保持中华文明五千年持续发展而不中断，这在世界文化史上是独一无二的。

庙底沟文化的彩陶一器一绘，每件陶器的图案均不相同，具有很强的装饰性和独特的艺术性，它的创造者无疑是那个时代的"潮流达人"。在庙底沟仰韶文化博物馆，残缺的陶片被重新组合，展现在世人面前，呈现着历史的千姿百态，那些丰富多样的花纹昭示了这一文化的独特魅力。确实，庙底沟的"花"有着丰赡的意蕴。在古汉语里，"花""华"同音，"华"的本义为"花"，金文中的"华"字就是花朵加上花蒂的样子。不少学者认为，庙底沟彩陶上的花瓣纹，或许就是华夏之"华"的由来。在这个意义上，庙底沟文化又建构起了以其文化特质为主色的庙底沟时代。

与庙底沟文化时间上大体相当的，东方有大汶口文化，东北地区有红山文化，长江中下游地区有崧泽文化、凌家滩文化和屈家岭文化，严文明先生将这些文化细做比较之后，指出庙底沟文化是一个"务实进取"的文化，它"强调军权和王权，讲究气派（如大型房屋和大型墓葬）却不尚浮华"。

现有的证据可以表明，在公元前3500年前后的庙底沟时代，与其相互作用的文化圈里面的几个考古学文化，都已经走上了社会分化的道路。一方面，它们彼此的交往越来越紧密，文化越来越趋同；另一方面，其内部的社会却越来越分化，越来越分层。这种分化虽然还没有达到石峁、陶寺等青铜文明早期都邑的水平，但距古史所谓的"万国"时代已经不远了。在这个意义上，也可以说庙底沟时代已经出现了早期中国的第一缕文明曙光。

在上村岭近观虢国：访虢国博物馆

结束了庙底沟仰韶文化博物馆的考察，在去往酒店的路上，我偶然看到路边指向虢国博物馆的路标。这个路标提醒了我：是啊，这里还有个上村岭虢国墓地呢！我上大学的时候，《上村岭虢国墓地发掘报告》是仅有的几本春秋战国时期的考古发掘报告之一，我对于这一段的考古更感兴趣，所以多次研读过这本报告。后来听说上村岭又有新的重大发现，但因离开考古界太久，我知道得并不详细，现在看到这里有这样一座博物馆，那是必看不可的啊！于是，我掉转车头，直奔博物馆而来。

虢国博物馆位于三门峡市湖滨区，是建立在上村岭虢国墓地遗址上的博物馆，占地约10万平方米，集文物陈列、遗址展示、社会教育与文化交流等多项功能于一体，通过馆内的《周风虢韵——虢国历史文化陈列》，我得以近观有关虢国的考古新发现和虢国的历史。

说说历史上的虢国

说起武王伐纣、大封诸侯，人们可能对齐、晋、鲁、宋、吴、越更熟悉，而这个虢国估计许多人甚至都没有听说过，即使有所了解，也是来自"唇亡齿寒""假途灭虢"这两个成语。其实这个虢国来头很大，并且历史上还不止一个。

虢国也开始于西周初年的分封。最初的虢国有两个，两个虢国的国君都是周文王的弟弟、周武王的叔叔，一位叫虢仲、一位叫虢叔。文王是长子，虢仲是次子，虢叔则行三。周武王顺利灭商后，虢仲、虢叔两位叔父都由卿士被封为虢国国君。虢仲被封在今河南荥阳市汜水镇的制邑；虢叔被封在今陕西宝鸡市东边的雍邑。两国各在周都镐京的东方和西方，故虢仲的虢为东虢，虢叔的虢为西虢。

在西周时期，虢国是周王室关系亲密的同宗国，深受周王的赏识与器重，而作为周天子的近卫屏藩，两虢也为周天子尽

虢国位置图

力效忠。史载，这一时期虢国国君世代为周天子的卿士，统领六师、捍卫周室，替周天子东征西讨，立下了赫赫战功，在诸侯国中有着举足轻重的地位。不过他们也曾犯下大过，如谗言误君、导致"烽火戏诸侯"的虢石父，就直接断送掉了西周王朝。

东西二虢出身虽然高贵，却没有成为称霸一方的诸侯。最初的西虢在周宣王时，就东迁到了上阳（今三门峡市附近），改称为南虢。不过仍有一部分遗民留在原地，并且在桃虢城建都，被称为小虢国。而东虢则是在春秋初年就被势力逐渐壮大的郑国所灭。当时郑国的武公护送周平王、也就是周天子东迁，到达雒邑后，回过头来就吞并了虢、郐两国，迁都新郑。东虢被灭，其遗民只得迁往夏阳（今山西平陆），这就是北虢。这个北虢已无国家实力，被降爵为"子男"，衰败不堪，只能依附于南虢之下。

公元前658年，晋献公借道虞国，灭掉的虢国就是南虢，北虢也同时灭亡，虢国正式除名。从第一任国君虢公长父东迁、建立南虢，到最后一任国君虢公丑，在三门峡的这个虢国共有六任国君，统治了一百多年。而纵观虢国历史，从文王元年虢仲、虢叔"为文王卿士"算起，到公元前655年被晋国灭掉，总共经历了约420年。

几千年来，虢国历史仅见于文献的零星记载，史学界对其的研究都很不够，直至上世纪50年代河南三门峡虢国墓地的发现，伴随着大型车马坑遗址群的发掘、数以万计文物的出土，这个古老的诸侯国才逐步显露出面貌，被世人所认识。

上村岭虢国墓地的发掘

1955年起，黄河水库考古工作队在夏鼐、安志敏先生率领下，分成若干分队和小组，在豫、晋、陕、甘等省进行了一系列的考古工作，河南省三门峡市北部上村岭一带的虢国墓地的发掘便是这个工作的一部分。1956年冬，在上村岭发掘了著名的1052号太子墓，确认此处是虢国墓地。次年起即对墓地进行第一次大规模发掘，共发掘墓葬234座。其中的虢太子墓长5.8米、宽4.25米，内有单棺重椁，出土随葬品近千件，最重要的是出土了刻有铭文"虢太子元徒戈"的青铜戈，直接证实了墓主身份与国别属性。

1990年初，河南省文物考古研究所再次对上村岭北部开始较大规模的考古调查和发掘。1990年3月至1991年5月，共清理了M2001（虢季）、M2009（虢仲）、M2006（孟姞）等墓。其中的虢仲墓为土圹竖穴，呈南北向，墓口长5.6米、宽4.4米，墓底距现地表19.3米，是虢国墓地已发掘墓葬中最大的一座。墓穴四壁从上到下均涂以淡绿色颜料。墓主人使用的葬具为重棺单椁，外加大型棺罩。从出土的青铜器铭文可知，墓主人虢仲是虢国（南虢）的第一代国君，入葬年代在西周晚期厉、宣之际。1991年9月至1992年12月清理了M2011（太子墓）、M2012（梁姬墓）、M2013（丑姜墓）。1998年11月至1999年3月，为配合虢国博物馆建设，又清理了9座墓葬，其中5座被盗，4座大中型墓几被盗空。另外还清理了两座残马坑和三座车马坑。

历年来的发掘表明，上村岭虢国墓地内，所有墓葬均依其墓主身份高低，由北向南各自成组、顺序排列，各位国君的墓葬位于墓地的最北端。这处等级齐全、排列有序、保存完好的西周晚期至春秋早期虢国国君及贵族墓地，成为研究虢国历史最重要的资料来源。

精美文物和考古价值

上村岭虢国墓地出土的珍贵文物多达万余件，仅虢季墓就出土随葬器物共计5293件（颗），按质地可分为铜、金、铁、玉、石、玛瑙、料、陶、骨、角、牙、皮革、蚌、木、竹、苇、草、丝帛等19大类，铜器和玉器占总数的90%以上。

墓地出土的玉器数量之多、品种之全、工艺之精、玉质之好，在周代极为罕见。上世纪50年代发掘时，这里出土的玉器便有1700余件，较为常见的器形有璧、璜、玦、环、簪、腰带饰、串饰等，特别是出土了质地不同、用途不一的用鱼形、龙形、两头兽形、蚕形、卵形和牙形等玉饰穿缀而成的组串饰58组。此类饰物用鸡血石、大理石、绿松石和软玉等雕刻琢磨而成。1990年代发掘的18座墓葬，共出土玉石类器3000余件（套、组），其中玉质类1000余件，器类有礼玉、仪仗玉、装饰类玉、葬玉、动物形玉、组玉佩类，其种类更全、质地更优良、制作更精美、价值更高。玉质经鉴定，大部分为新疆和田玉，分白玉、青玉、黄玉、碧玉等，还有其他产地的软玉以及绿松石、玛瑙、水晶、琉璃等。在这些玉器中，精美的动物玉雕，如玉龙、玉虎、玉鹰、玉兔、玉鹿以及玉鼠、玉蛇、玉象、玉牛、玉凤等，数量达200多件。

虢国墓地贵族墓葬区各墓所出玉器表现出明显的等级差别。其中最高级的虢季墓，出土玉器967件（颗），器形有琮、璧、璜、圭、璋、戈、戚等，七璜联珠组玉佩、缀玉面罩等玉质好，以青玉、青白玉等和田玉居多。其次的虢仲墓出土玉器724件（颗），器形相类，六璜联珠组玉佩、缀玉面罩玉质良好，白玉、青玉等和田玉较多。这样的墓属于国君级，而最下等的墓葬仅有几件玉器随葬，玉质也不太好，其身份应为平民或侍从。介乎二者之间的，应是贵族、卿大夫、士一类人物的墓葬。

虢仲墓出土文物

六璜连珠组玉佩

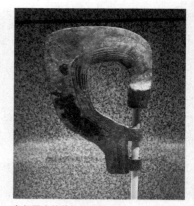

象征军事统帅权的铜钺

铜盨

人龙纹玉璋

人龙纹玉璜

随葬的青铜礼器更反映了墓主人身份的等级。虢仲墓中的青铜器，仅礼乐器就有120多件，标志墓主人身份的鼎达29件，44件铜器的铭文均言明为墓主人虢仲的自作用器。出土的两套编钟是中国考古发掘出土的年代最早的两套编钟，一套为八件甬钟，一套为八件纽钟。铭文最长的有60多字，其内容亦是标明此套纽钟为虢仲自作器，且自铭为"宝铃钟"。铭文记载虢仲曾辅佐周天子治理天下，管理臣民，并"受天子禄"，其地位明显高于虢季。

墓地中还出土了许多国宝级文物，如有"中华第一剑"之称的玉柄铜芯铁剑、体现高超制玉水平的人龙纹玉璋、由12件精美金饰组成的腰带等。出自虢季墓的玉柄铁剑将中国冶铁的起始年代向前推进了近200年。这把剑由铁质剑身、铜质柄芯和玉质剑柄嵌接组成，剑身插在精心制作的牛皮鞘内，剑外有丝织品包裹的痕迹，剑柄由和田青玉制成，在剑身与柄结合处镶嵌有绿松石。该剑是我国最早的人工冶铁实物，以块炼法锻制而成。惜乎该剑藏于河南博物院，我未能拍到实物。

上村岭虢国墓地的发掘有着极为重要的意义。由于虢国是有着明确丧亡纪年的春秋时期诸侯国，所以为西周春秋考古树立了一个重要的断代标尺，也使得学术界对两周时期的丧葬制度有了新认识。由上村岭的发掘，考古工作者还在明确为虢国都城上阳的李家窑遗址进行了规模较大的考古发掘，发现了铸铜作坊、制陶制骨作坊、储粮窖仓，以及城壕、城垣及宫殿遗址，搞清了虢都上阳的位置和规模。

行笔至此，我又看到一个很有意思的材料，补在文尾，作个最后的说明。2018年，河南省考古工作者在三门峡与洛阳之间的义马市的上石河发掘了一批春秋时代的古墓，其中的93号墓出土了大量的随葬品，一件青铜器上有"虢季氏子虎父作鼎子子孙孙永宝用"的铭文，表明这里是虢国被晋献公灭亡后、东逃去往东周国都之人的墓地，可见《左传》记载的"八月晋侯围上阳。冬十二月丙子朔，晋灭虢，虢公丑奔京师"是可信的。

唐代大铁牛：黄河古渡上的"重量级"国宝

在三门峡市访问过两座博物馆，次日我驱车向西，直奔晋南的芮城、永济。芮城一带有许多很著名的地上文物，比如永乐宫、普救寺、鹳雀楼以及众多的古庙。我在2021年到山西旅行的时候，也来过这些地方，这次再来，永乐宫已成网红地标且内部壁画不许拍照，见于《西厢记》的普救寺毕竟出于小说家言，鹳雀楼是新建的，而广仁王庙和城隍庙等古建筑我又不打算过多涉及，所以再走老路，只是为了那里的唐代大铁牛。

重见天日的唐代大铁牛

唐代大铁牛位于山西省永济市古蒲州城西门外、黄河东岸，其东西方各自不远，分别是张生与崔莺莺演绎爱情故事的普救寺和"更上一层楼"便可望见黄河的鹳雀楼。

话说这些大铁牛本来是沉没在水底的，怎么会被打捞上来了呢？事情还要从头说起。

晚清时期，山西盐商生意做得很大，他们的盐船就从黄河的蒲津渡发出。但大批盐船进进出出，总有几艘盐船船破漏水，甚至有船只因此沉没。盐商派人下水查看，也没有发现。尽管如此，盐商的疑惑却是一代代地传下来了。而蒲津渡的当地老人也有回忆，说他们儿时下河游泳，在枯水期的时候，往往会在水下摸到牛角样的东西。

这些传说被永济县博物馆樊旺林馆长在无意间听到，当时他就联想到了传说中的一样东西——黄河大铁牛。熟知当地史料的樊馆长知道古籍里有一段记载："于蒲津关两河岸开东西门，各造铁牛四，及前后铁柱三十六，铁山亦四，夹岸维舟，河梁用成。"他将史料同传说对应考虑，认为河底剐坏盐商船只的，很可能就是这些铁牛。

有此推测，永济县博物馆向上级报告之后，在县委和县政府的大力支持下，从1988年开始，正式开启了对蒲州城西黄河古道两岸的勘探。工作人员耗时一年多，在一千多平方米的河滩上打了五千多个探孔，最终发现了河道之下埋藏着的巨大的铁牛、铁人。此后经过几个月紧锣密鼓的筹备，终于将四尊铁牛全部清理出来。在之后的发掘中，又出土了四个铁人、两座铁山、一组七星铁柱和三个土石夯堆。

专家学者研究清洗出来的铁牛，得出的结论是：黄河铁牛铸造于唐玄宗开元十三年（725）。结合历史记载，可以推知当时的建造背景。黄河蒲津渡在当时是非常重要的交通要道，河上建有浮桥，却屡次毁于黄河的冲击。唐玄宗命兵部尚书张说重修此桥，张说想到的办法，就是熔铁铸牛作为桥墩，以代替木桩，冶铁结链代替绳索，以此来打造可以抵御黄河水冲击的铁桥。据推算，这项工程十分庞大，大概耗费了1100吨铁，占开元年间全国铁产量的五分之四。

唐代大铁牛重见天日固然是好事，然而如何保护呢？反复讨论后，有关部门选择了山西省文物局的保护方案，把铁牛、铁人、铁柱等从原地提升12.2米，在地表以上恢复原貌，露天陈列；其他遗迹如唐代、明代建造的部分石堤、台阶以及在铁人周围用石块铺设的地面也将在地面上复原。我们现在看到的铁牛就是以这种状态保存在蒲津古渡的。有人或许会担忧：露天陈列，铁牛会不会生锈毁坏？短时间内应该不至于，因为铁牛所用的材料可能别有玄机。它在数百年的河水冲刷中仍保有最初的模样，所以它的原材料应能抵御生锈。对于铁质文物的保护，至今依然是世界性的难题，在没有更好的办法时，就地陈列还是稳妥的，起码再放几百年不成问题。

唐代大铁牛的结构与价值

出土的黄河大铁牛分前后两组，两牛一组，面朝西伏卧。铁牛形象逼真，造型生动，两眼圆睁，前腿作蹬状，后腿作蹲伏状，矫角昂首，状若负重。每尊铁牛高约1.9米、长约3米、宽约1.3米，在铁牛的下方，有6根直径0.4米、长约3.6米的铁柱斜前连接，每根铁柱分别反向伸出

胡人形象的铁人

一只铁足，像地锚一样牢牢扎入地下。在铁牛牛尾后有直径约0.4米、长约2.3米的横轴，用于拴连桥索，横轴轴头有纹饰，分别为菱花、卷草、莲花等。据测算，每头铁牛的重量大约为30吨，加上下面的底盘和铁柱，共约70吨，是典型的巨无霸。

四尊铁牛旁各有一作牵引状的铁人。铁人现在露出地面的部分高1.5米，肩宽0.6米。四人分别代表着四个不同的民族，大小基本相同，造型精美，栩栩如生。

当时铸造的铁牛有两组，分别伏卧于黄河两岸，将铁索拴系于其身，连接舟船，形成黄河上第一座固定铁索桥，铁牛其实就是对拽铁索的索桩。不过今天只找到一组，另外一组应该还深埋在地下。

巨型铁牛除了固定索桥外，据说还有其他作用。《易经》

有"牛象坤，坤为土，土胜水"之说。古人云"兵来将挡，水来土掩"，铸铁牛，置于河岸，还是对黄河之水的一种震慑。古人讲究阴阳之学，在铸造铁牛时，还铸造了四个铁人以及七星铁柱。尽管它们都是栓系桥索的桩柱，但七星柱代表天（即北斗七星），铁牛为土代表地，再加上铁人，就是天地人俱全了。有桥梁专家称赞铁牛、铁人的创意说："这个具体的工程建设是技术和艺术有机结合的典型，是中国人民对世界桥梁、冶金、雕塑事业的贡献，是世界桥梁史上唯我独尊的永世无价之宝。"

历史悠久的黄河古渡蒲津渡

介绍黄河铁牛，离不开蒲津渡，因为铁牛就是安放在蒲津渡两岸的。永济市古蒲州城西门外、黄河东岸的蒲津渡，南依中条山，西临黄河，地处要冲，被视为兵家重地，是古代黄河的重要渡口，自古以来就是秦晋之间的交通要冲，历史上多次在这里修造浮桥。

据《左传》记载，鲁昭公元年（前541），秦景公的弟弟公子鍼非常富有，怕人杀他，故逃往晋国，因此"造舟于河"。这里的"造舟"其实是临时搭建浮桥，建桥之处，就是蒲津渡附近。《史记·秦本纪》又载，秦昭襄王五十年（前 257）"初作河桥"，用以进攻韩、赵、魏各国，其桥址就在古蒲州城西门外。这个"初作河桥"，应该指的是固定的黄河浮桥。

唐代铁索浮桥复原图

唐代大铁牛雄姿

　　此后，从北魏到唐初的三百多年间，蒲津桥都是竹缆连舟的固定式浮桥。东魏齐献武王高欢、西魏丞相宇文泰、隋文帝都不断维修过浮桥。唐初，河东为京畿，蒲州是长安与河东联系的枢纽。开元六年（718）蒲州升格为中都，与西京长安、东都洛阳齐名。开元十三年，为了加强对唐王朝的大后方河东地区及整个北方地区的统治，唐玄宗任命兵部尚书张说主其事，倾一国之力，对蒲津桥进行了大规模的改建，建成铁索浮桥。

蒲津铁索浮桥第一次将黄河天堑变成通衢大道，从唐开元十三年到元朝初年，五百余年间，蒲津桥一直是铁牛系铁索、铁索连舟船。宋代，神宗赵顼曾多次下诏，维修蒲津桥。金代控制晋南时，设有专管浮桥的官员，直到金元光元年（1222），金军与蒙古军队争夺河中府（即蒲州城），金军将领侯小叔纵火烧绝蒲津桥。此后蒲津渡一度荒废，但铁牛仍存。到了明朝，蒲津关成为进出中原的重要关口，明代皇帝又先后四次利用铁牛建桥，历经百余年。清代因黄河逐渐向西改道，1886年舟桥已毁，蒲津渡彻底废弃，只余东岸铁牛、铁人和铁山。1911年后，铁牛等也被泥沙埋于地下。

在1988年、1991年对蒲津渡的调查、勘探和科学发掘中，得知唐蒲津渡遗址最深处距今地表6.5米。当时河岸有一道曲拱梯形石堤，堤基下有密密成排竖钉的柏木桩。石堤系垒砌石条、分两次砌筑，石条间有铁锭加固，又以米浆白灰泥粘合，十分牢固。四尊铁牛、四个铁人、两座铁山、三个铁墩、六根铁柱等就是在紧靠石堤处发现的。在其附近还发现一座4米见方的砖屋遗址，门槛向东，当是渡口管理处。发掘中还发现了唐"开元通宝"、宋"天圣元宝"、元"元丰元宝"和金"正隆元宝"等10余枚铜钱。

蒲津渡是一处内涵丰富的大型遗址。它不仅展现了我国古代桥梁交通、黄河治理、冶铸技术等方面的科技成就，也直观地揭示出黄河泥沙淤积的变迁过程，为历史地理、环境考古及黄河治理提供了许多有用的资料。而今，围绕着唐代铁牛和蒲津古渡，当地政府正打造蒲津渡与蒲州故城国家遗址公园，想来以后会有更多的古迹可访吧？

在曲村-天马找寻晋国历史：访晋国博物馆

看完了黄河唐代大铁牛之后，我驱车向北，开始了晋中、晋北的访古行程。这一段的访古行程以参观博物馆、寻访上古时期的遗迹遗物为主，其中主要的目的地，是要去看晋国博物馆和临汾博物馆：前者主要是西周、春秋时期的考古成就，而后者主要是看陶寺遗址的发掘成果。

由黄河岸边的永济到临汾市下辖的曲沃县曲村镇，行程约为190公里，辗转找到建于北赵村的晋国博物馆，我一头就扎了进去，从而发现了一个全由考古工作揭示的晋国历史文化大场景。

晋国历史简说

晋国的始封国君名虞，他的父亲是周武王、哥哥是周成王。一天，成王和虞游戏，把一片桐树叶削成珪的形状送给他，说："我用这个分封你。"史佚认为 "天子无戏言。只要说了，就应按礼节完成"，因此请成王封虞为诸侯。成王只好把唐地封给虞，故称唐叔虞。虞的儿子燮继位后，将国号改为晋。传若干代之后，公元前785年，晋穆侯去世，其弟晋殇叔

晋侯墓地M64出土的晋叔家父盘，"晋叔家父"即晋穆侯之
弟殇叔

自立为君，穆侯的儿子太子仇被迫逃亡。公元前781年，太子仇袭杀殇叔，成为国君，这就是晋文侯。晋文侯十年（前771），周平王继位。因西周镐京被西戎攻破，毁坏严重，平王决定把都城迁到洛邑（今河南洛阳），晋文侯会同郑武公、秦襄公、卫武公合力勤王，护卫周平王完成东迁。

晋文侯三十五年（前746），文侯逝世，子昭侯即位。昭侯把曲沃封给其叔叔成师，史称曲沃桓叔。几十年后，在晋缗侯二十八年（前678），曲沃桓叔的孙子曲沃武公攻杀晋侯。曲沃武公以举国之宝贿赂周釐王，釐王任命曲沃武公为晋国国君，是为晋武公，曲沃桓叔一脉成为晋国大宗。

晋武公的儿子晋献公执政后，迁都于绛（即曲沃）。献公五年（前672），献公攻打骊戎，得到二女，即骊姬与少姬。晋献公宠爱骊姬，想立她的儿子奚齐为太子，就故意疏远其他儿子，命太子申生居住在曲沃、重耳居住在蒲城、夷吾居住在屈城。后骊姬陷害申生，申生自杀，重耳、夷吾逃回封地。晋献公讨伐蒲城，重耳流亡；又讨伐屈城，但未成功。同年冬，晋国借道虞国灭亡虢国，回头顺道又攻灭虞国。晋献公同时把女儿穆姬嫁给秦穆公，这就是"秦晋之好"这一成语的来源。

五年后晋献公去世，夷吾用厚礼贿赂秦国，并约定将河西之地献给秦国，于是秦国护送夷吾回到晋国继位，是为晋惠公。由于晋惠公反悔、不予秦国河西之地，又得罪周天子，惠公六年（前645），秦国攻打晋国，晋惠公被俘。穆姬穿着丧服向秦穆公求情，秦穆公才把晋惠公放还晋国。

秦国同晋国生隙后，找到流亡多年的重耳，秦穆公把同宗的五个女子嫁给他，准备立他为晋君。公元前636年正月，重耳在三千秦兵护送下，回到晋国，二月入国都绛即位，是为晋文公。晋文公采纳赵衰"求霸莫如入王尊周"的意见，发兵杀死在东周作乱的王子带，护送周襄王回到洛邑，周襄王把河内、阳樊两地赐给晋国。晋文公四年，晋国在城濮之战中打败楚军，晋文公以周天子之命召集诸侯，与齐昭公、宋成公、鲁僖公、蔡庄侯、郑文公、卫叔武及莒子在践土（今河南原阳西南）会盟，称霸诸侯。

晋文公死后，晋襄公元年（前627），秦国攻打晋国的同姓国郑国，灭滑。晋襄公丧服出兵，在崤之战中打败秦国，晋国继续称霸中原。晋襄公死后，晋灵公元年（前620），秦晋发生令狐之战，秦国又败。同年，晋与齐、宋、卫、陈、郑、许、

曹、鲁八国盟于扈邑，在这次盟会中，赵衰的儿子、执政赵盾
全权代表晋灵公主持会盟。作为首个以臣子身份主持诸侯会盟
的人，赵盾名扬列国。

晋国在称霸过程中，卿族势力不断增大，明争暗斗、相
互攻伐。晋灵公长大后，行事荒唐，且派刺客刺杀赵盾，灵公
十四年（前607），赵盾的堂弟赵穿杀晋灵公。晋国太史董狐
认为是赵盾指使，因而在国史上书写"赵盾弑其君"，被称为
"国之良史"。晋景公十八年（前582），晋景公在栾氏、郤
氏配合下，杀死赵盾的异母弟赵同、赵括，并灭亡了他们的家
族。此即戏曲《赵氏孤儿》的背景。

晋昭公之后，晋国的智氏、范氏、中行氏、韩氏、赵氏、
魏氏六卿更加强大。晋出公十七年（前458）智伯联合韩赵魏三
家，攻灭范氏、中行氏。晋哀公四年（前453），赵襄子、韩康
子、魏桓子杀死智伯，吞并智氏土地。到晋幽公元年（前433）
时，晋公室仅剩下绛、曲沃两邑，其他领土全部归入韩、赵、魏
三家。晋烈公十三年（前403），周威烈王正式赐封赵、韩、魏
三家为诸侯，晋国名存实亡。晋静公二年（前376），赵、韩、

魏瓜分了公室仅存的土地，废晋静公为平民，晋国最终灭亡。

从唐叔虞始封，到晋国最后灭亡，600多年的历史里，晋国上演了一幕幕大戏，是西周春秋诸国中历史发展最精彩的。从地域上来说，晋国疆域变化也很大。叔虞受封于唐时，其领地仅"河汾之东方百里"。晋武公在位时，晋国先攻灭了荀国，之后又攻灭了董国、贾国、杨国，晋献公时期"并国十七，服国三十八"，黄河中游皆为晋国所有。晋文公时受赐周畿的河内、阳樊等邑，之后又经灵、成、景、厉、悼五代的开拓，其版图最终形成了包括今山西省全部、陕西省东部与北部、河北省中部与南部、河南省西部与北部、山东西北部与内蒙古一部的广大地区。三家分晋后，据有晋国之地的韩、赵、魏在战国七雄中仍属于强国。

曲村-天马考古史

20世纪60年代前后，侯马遗址是晋国晚期都城已是考古界的共识，但晋国早期都城在何处尚不明确。1962年，在曲沃张村发现战国古城，同年在翼城县清理出西周铜器墓，表明附近可能有重要城址。1963年，山西省的张万钟先生指导北京大学考古专业学生在曲村-天马试掘，这是此地的第一次考古发掘活动。

1979年秋，邹衡和李伯谦两位先生带领北大考古专业76级学生到晋南调查。邹衡先生在《翼城曲沃考古勘察记》中，明确提出曲村-天马遗址为晋国都城的推断，认为此地既是晋的始封地唐，又是迁都新绛前的故绛。此次调查活动明确了曲村-天马遗址的性质，为此后大规模考古工作奠定了基础。

1980年，北京大学历史系考古专业与山西省考古研究所合作，将曲村-天马遗址作为学生田野实习基地，开始进行隔年一次的大规模发掘活动。1980—1989年先后六次发掘。发掘集中在曲村北部和东北区域，全面揭露了遗址各时期文化遗存，并以西周春秋遗存为重，基本弄清了早期晋文化的面貌。1992—2001年，基地又陆续开展了六次发掘工作，将北赵晋侯墓地探明的大型墓葬全部发掘，包括附属的祭祀坑和其他相关遗迹。2005—2006年，山西省考古研究所对新发现的羊舌晋侯墓地进行调查发掘，目前认为，羊舌晋侯墓地是北赵晋侯墓地的延续。

曲村-天马遗址的丰富发现，使学术界对早期晋文化的面貌有了直观的认识，为进一步探索晋文化的来源与发展、晋国与宗周及其他封国的关系等问题提供了线索；晋侯墓地的发现，则为了解西周时期的丧葬制度和当时的社会发展状况提供了极佳的材料。

唯其如此重要，该遗址1996年被国务院公布为第四批全国重点文物保护单位，2008年被国家文物局列入"百处重要大遗址"。遗址的晋侯墓地曾于1992、1993连续两年被评为"全国十大考古发现"，2001年列入"中国20世纪100项考古大发现"。纪念中国考古学诞生一百周年时，晋侯墓地及曲村遗址入选"百年百大考古发现"。

考古发现的遗迹遗物

曲村-天马遗址的发掘，特别是晋侯墓地的发现，确定了曲村-天马遗址乃晋国早期都城。遗址中的居住遗迹有房址、水井、陶窑和窖穴等。房址分地上、半地穴式和地穴式三种。房内有柱洞，有的居住面和周壁专门进行了烧烤处理。水井都是长方形井口，深10米以上，最深者达14米。井壁光滑，并有脚窝。窖穴有圆形或椭圆形竖穴、圆形或椭圆形袋状穴，以及长方形竖穴三种，深度有的达10米以上，坑壁光滑，长方形窖穴还有脚窝。陶窑的窑室平面呈椭圆形，有烟道、火口，火口开于窑室底部，火膛低于窑底，窑室四周呈红色。

墓葬包括曲村村北和村西的墓地以及北赵晋侯墓地，研究者认为前者为晋国的"公墓"区（国君和王族的墓地）；后者为晋国的"邦墓"区（晋国的自由民的墓地），现已发现9组19座晋侯及其夫人墓葬、陪葬墓4座、祭祀坑数十座，并探明车马坑5座。墓葬延续时间很长，几乎贯穿整个西周时期，不仅墓葬等级齐全，而且已发掘的墓葬多保存完好，这在全国同时期遗址中是极为罕见的。

近千座墓葬都是长方形土坑竖穴，单人葬，葬式绝大部分为仰身直肢，双手交叉在腹部。随葬的器物有陶器、铜器、玉器、骨器、石器等；铜器有鼎、爵、尊、觚、盘、鬲等，以及乐器甬钟，兵器戈、剑，车马器衔、镳、马冠、当卢、銮铃、节约、铜泡、铜扣等。车马坑有长方形和T字形两种，均为东西向，长方形的放三辆车和十多匹马；T字形的为一车二马。个别坑内有御者殉葬，葬式为俯身。

依托于遗址的晋国博物馆包括晋国历史文化展、曲村－天马遗址考古发掘史展、晋侯墓地遗址展三个部分。其中的考古发

晋侯墓地出土文物

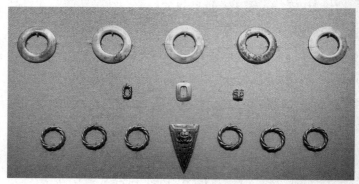

金带饰

晋国铜器人足方盒

组玉佩

玉牌联珠串饰

晋侯酥鼎

掘史展厅用文化探方的形式展示曲村–天马遗址的地理位置和历年调查、发掘的时间、地点；墓地遗址展厅选取四组具有代表性的墓葬和三座陪葬车马坑，在保持遗迹原状的前提下，对之进行科学的修复加固，并按照发掘出土时的棺椁格局、随葬品摆放形式，分别以不同的展示方式予以展出，都很有特色。

结束了晋国博物馆的访问，在晋国历史文化展出口旁边，我无意中发现，一个简陋的小屋中坐着一位低头工作的老者。开始我以为是工作人员，靠近看时，才发现这是邹衡先生的塑像。以这样的形式纪念这位学者，低调而又形象，真切而又恰当。我上前深鞠一躬，以表达对先生的敬意，才恋恋不舍地离开博物馆，踏上新的旅程。

最早的"中国"在这里？
——观临汾博物馆陶寺文物

看完晋国博物馆已是中午12点多，我在博物馆旁边的面馆里匆忙吃了一碗6元钱一份的饸饹面，立刻赶往60公里外的临汾。

去临汾，是为了到临汾博物馆看陶寺出土的文物。陶寺遗址是近年来讨论最多的古代遗址之一，我很早就想去实地看一看，但按照考古发掘的惯例，如果没有工作关系，工地一般是进不去的；而发掘之后的遗址，除了意义重大的发现，一般都会回填，所以往往看不到什么。为了不致扑空，我出行前特地向中国考古学会前任理事长王巍师兄请教，他说陶寺的东西都在临汾博物馆，去那里看就可以。所以我就没有去陶寺遗址，直接奔往临汾博物馆。

到达临汾博物馆，正是下午1点半左右，天气酷热，穿过博物馆大院内漫长的道路，迈上不那么方便的长台阶，我才进入大门开在二楼的博物馆。尽管已经热得喘不上气了，但当我看到陶寺出土文物的陈列时，立刻觉得这一切都是值得的。

陶寺——近半个世纪的发掘与探索

陶寺遗址被称为"中华文明起源与早期国家探索中的关键支点性都邑遗址"，是考古工作者探索、推动"尧舜禹传说时代"成为信史的关键遗址，陶寺遗址的考古发掘与研究成果，受到海内外考古学界和历史学界的高度重视。但行外人不知道的是，陶寺遗址的发掘前后已经快有50年了。

陶寺遗址位于山西省襄汾县陶寺村南。在1958年的晋南文物普查中，该遗址已被发现。1959年，中国科学院考古研究所（即今中国社会科学院考古研究所）组建山西队，山西队的考古学者们为寻找夏文化，首选的发掘对象就是陶寺。早期发掘的总面积约7000平方米，其中的居址堆积丰富，获得了丰富的陶器资料；墓地方面，发现早期的大型墓葬随葬品十分丰富，除了彩绘陶龙盘之外，还有陶鼓、鼍鼓、石磬等礼乐器，以及成套的彩绘陶器和木器。这一阶段的发掘与研究表明，陶寺文化中晚期比较独特，同河南龙山文化和二里头文化有很大的区别。

2000年在陶寺遗址的北部发现了城墙，并大致廓清了陶寺中期城址面积至少有280万平方米，属于超大城址。2001年发现大城内中部偏东的疑似墙基夯土遗迹，暗示大城内还有小城。2002年发现城内的大型仓储区，还发现了"凌阴"，即储冰遗址。

2003年，中华文明探源工程正式启动，陶寺遗址发掘与研究纳入其中，发掘工作开始在礼制建筑方面发力，发现了陶寺中期的观象祭祀台，同时判定了陶寺的祭天礼制建筑区。2006年，在宫殿区核心建筑东南部发现了一处奇特的直焰竖窑窑炉，发掘者开始认为是用于浇铸前烘烤铸范，后来则认定这些窑炉是用于烤肉的。如此，则窑炉群背后的夯土基址，很有可

陶寺大型墓葬随葬品放置情况

120

能就是"厨房"。由于"厨房"及其窑炉群均位于核心建筑东侧，推测其很可能是夏商周时期宫城内"东厨"的早期状态。

在随后的调查发掘中，明确了手工业作坊区在陶寺外郭城内正南部。在这个区域发现了两个制陶工业园和三个石器工业园。所谓"工业园"，包括夯土基址管理治所、生产场所、工匠居住房屋甚至小型墓地，构成一个完整的工业园区单元。

2013年春季开始探索陶寺宫城，确定了宫殿区内的核心建筑面积为8000平方米左右，并发现陶寺宫殿区很可能存在城墙。也是在此时，还发现陶寺中晚期的墓地破坏中期宫墙基础，晚期宫墙墙基破坏中晚期墓地，晚期最晚段的墓地又破坏晚期宫墙基槽。这一系列反复破坏的行为，表明了陶寺晚期的社会是相当动荡不安的。

在2015年至2017年的发掘中，确认陶寺宫城呈长方形，东西长约470米，南北宽约270米，面积近13万平方米。宫城南东门址平面近似后世的带有"阙楼"的城门，修建时代为陶寺晚期。陶寺遗址宫城是目前考古发现的中国最早的宫城，形制特殊，结构复杂，史前罕见，影响深刻。2018年至2019年，陶寺遗址考古又有新发现，其宫城内大型夯土建筑基址的发掘取得重要收获。

从1958年陶寺遗址的发现算起，至今（2024年）已有66年的历史，而从正式发掘的1978年计算，也有46年的历史。近半个世纪的发掘，也仅是揭露了这一四千年前古都的三百分之一，陶寺的考古发掘与研究今后的路还很长，长到今后的几代考古人也望不到尽头。

陶寺遗址的年代与重要发现

关于陶寺遗址的年代，综合各种年代学研究的手段，明确其绝对年代为距今4300年至距今3900年之间。其具体的发展脉络为：距今4300年到4100年间，早期都城发展成型；距今4100年到4000年间，都城急剧扩张，功能完善，发展到达顶峰；距今4000年到3900年，失去都城地位，仅在距今3900年的早段有过昙花一现的复辟。

关于陶寺遗址的重要发现，按专家的归纳，主要有以下几项：最早的测日影天文观测系统、最早的文字、最早的金属乐器、中原地区最早的龙图腾、世界最早的板瓦、黄河中游史前最大的墓葬、黄河流域史前最大的城址、世界最古老的观象台。当然，这里的"最早"都是基于目前的发现而言。

陶寺古观象台建在三层台基之上，由13根夯土柱组成，呈半圆形，半径10.5米，弧长19.5米。从观测点通过土柱狭缝观测塔尔山日出方位，确定季节、节气，安排农耕。考古学者在原址复制模型进行模拟实测，从第二个狭缝看到日出为冬至日，第十二个狭缝看到日出为夏至日，第七个狭缝看到日出为春、秋分。考古专家和天文学家认为，该观象台建于公元前2100年前后，比世界上公认的英国巨石阵观测台（前1680）还

陶寺出土文物

彩绘陶壶

写有朱书"文"字的扁壶残片

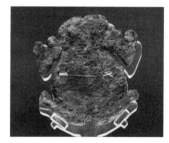

铜蟾蜍

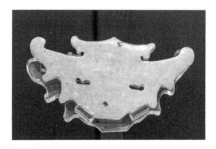

玉神面

陶鼓

要早近500年。

1984年，考古工作者在陶寺遗址中发现一片扁壶残片，残片断茬周围涂有红色，残片上朱书两个文字，其中的一个字为"文"，另外一个字被释读为"尧""易""命"等。朱书文字表明陶寺时期人们已经开始使用文字，这对于研究中国文字的起源有着重要的意义。

陶寺发现的陶器，泥质陶均施彩绘，烧成后着彩，以黑陶衣为地，上施红、白、黄彩；或以红色为地，上施黄、白彩。纹样有圆点、条带、几何形纹、涡纹、云纹、回纹、龙纹、变体动物纹等。彩绘蟠龙图形的陶盘是其中最富特征的器物。这是迄今中原地区所见最早的蟠龙形象，可能是氏族、部落的标志。更有意思的是，这里的一些彩绘纹样，与商、周时期青铜器的花纹颇为接近，反映了文化的发展传承关系。

陶寺大型墓中出土的木鼓均成对，与一件大型石磬（特磬）同出。鼓腔作直筒形，高达1米，系树干挖制而成，外着红彩或以红色为地，用黄、白、黑、蓝诸色描绘出繁缛的纹饰。当初应是以鳄鱼皮蒙鼓，此应即古文献中的"鼍鼓"。石磬用石灰岩打制而成，作倨句型，长80—90厘米。它和鼍鼓都是已发现的古代同类乐器中最早的。陶寺出土的铜铃，则是中国已发现最早的金属乐器。这些乐器的出土，对于揭示四千多年前的音乐发展水平，认识音乐与祭祀、埋葬习俗的关系，探索礼乐制度的起源与发展，都有着极其重要的意义。

陶寺遗址出土的玉、石礼器和装饰品有钺、瑗、环、梳以及用绿松石、蚌片镶嵌的头饰、项饰、臂饰等。墓中还有一种大型厨刀，通常大小三件成组出现，类似的器物在古代黄河流域十分罕见，可以想象4000多年前的统治者们奢华的日常生活。

陶寺的意义

迄今为止的中国历史研究，有两个至关重要的历史疑案，一是"中国"开始于何时？另一个是"尧舜禹"是否为真实的存在？

我在介绍二里头遗址时曾提到，因为没有确凿的文献记载以及没有相应的文字，以前很多人把"中国"开始的时间定在甲骨文出现的商代后期；关于尧舜禹，基本上是将其当作传说时代，关于其相应的地望或者说都城，更是众说纷纭。

关于文明的定义，国内外学术界存在诸多分歧。中国学术界的最新研究认为，文明起源与文明形成是文明社会孕育和产生的不同阶段，先有文明因素量的积累，后有社会质的变化。具体而言，"文明形成"是指物质、精神和制度文化都取得了显著进步，社会分化加剧，形成了阶级；社会等级制度化，人们的社会行为规范化，形成了礼制；出现了集军事指挥权与宗教祭祀权于一身的最高统治者——王，以及强制性的、以社会管理为主要职能的公共权力——国家。国家的出现是文明形成的主要标志。

在这里，早期都邑的出现，正是王权创立的物化形式。迄今已发现的诸多史前至夏商时期的大型遗址，为研究中国早期都邑提供了难得的实物资料。中国考古界认定大型都邑的标准，是大型城垣、宫殿宗庙、王陵（王墓）、铸铜等高等级手工业作坊这四项主要的物化标准。其中的宫殿宗庙遗存是都邑遗址的必备条件。

从上述概念出发，结合陶寺遗址的年代、地理位置以及它所反映的文明程度等，不少专家提出陶寺遗址当为"尧都平阳"。比如北京大学教授李伯谦先生就根据文献记载以及传说中"尧"活动的中心地区，认为尧的都城在平阳一带，即今天的临汾。他说："陶寺发现的'观象台'，证明了《尚书·尧典》中讲到的尧让羲和观测日月星辰的运行，制定历法，来推进和指导农业的发展。"

中国考古学会前理事长王巍也指出，"没有哪一个遗址能像陶寺遗址这样全面拥有文明起源形成的要素和标志；陶寺遗址已经进入文明阶段，是实证中华文明五千年历程的重要支点"，"尧都平阳"正在为不断获得的考古资料所逐渐证实，陶寺可能就是尧的都城。

确实，陶寺遗址所展现出的都城模式、宫室制度、礼乐制度、都城官营手工业制度等，已经构成后世王朝制度文明的主干，表明陶寺是中华文明多元一体化核心形成的开始，是"中国"概念形成的初始。陶寺遗址的发掘与研究，正在将"尧舜禹"时代由传说变为可以探究的历史。

有意思的是，在陶寺遗址的晚期，辉煌一时的文明遭受重创，昔日的大型建筑变成废墟，显赫的贵族墓葬遭受破坏。对于这样的现象，有学者认为是陶寺内部的动乱，也有学者认为是陕西北部的石峁文化的人群攻占了这里，而以后者的理由更为充分。

更有意思的是，据报道，在陶寺遗址衰败的节点上，在其东面40公里处崛起了一个新的都邑，初步勘测其面积达到了惊人的500万平方米。公元前2000年前后，正是夏代出现的时间，前述的遗迹现象，似乎隐含着时代更迭的密码。

侯马盟书：两千五百年前的结盟声明

在晋国博物馆，我看完晋国历史陈列之后，发现旁边还有一个展室，是《侯马盟书文字艺术展》。这个名字触发了我关于侯马盟书的回忆。当年编纂《中国大百科全书·考古学》的时候，尽管资源紧张，商周考古分支还是给了这个条目"中条"的待遇，证明了它的重要。是啊，侯马盟书也是晋国的产物啊！故此，我赶忙进去浏览了一通；后来在山西博物院，我又看到了省博的镇馆之宝、出自晋国晚期都城新田的盟书文物。两次所见，都大大地触动了我，让我觉得很有必要把这方面的考古发现分享给大家，毕竟侯马盟书从发现到现在已经快过去60年了，很多人并不清楚它们的价值和含义。

上古时期的结盟

今天，关心国际政治、国际关系的人会注意到，国家间元首会见后，通常会发表联合声明，其中会讲到对两国关系亲密程度的定义，最高的是结成战略同盟，其次是战略性合作伙伴关系以及合作伙伴关系，当然还会加上如"全天候的"之类的限制词，加以具体定义。其实古代也是一样。中国古代，自己就是独立的"天下"，大一统的时代不提了，割据分裂时，利益相关的国家往往会形成同盟，比如三国时代，刘备的蜀与孙权的吴就结成同盟，抗拒北方的曹魏。

中国最早的会盟，应该是周武王的"孟津之会"。公元前1046年（用夏商周断代工程的提法），文王去世，武王继位。次年夏，武王率大军自镐京出发东进，不日来到黄河南岸的孟津（今洛阳会盟镇），邻近部落方国前来参加会盟，助威者达"八百诸侯"。不过会盟最频繁的时期是春秋战国时期。春秋时代，诸侯分立，会盟是古代诸侯间会面和结盟的必要仪式。这一时期，一些较小的诸侯国为了抵御大国侵略，往往联合作战，一些较大的国家利用自己的实力和影响，胁迫其他小国加入自己的阵线，都称会盟。

《左传》上记载了很多诸侯会盟的史实。齐桓公九合诸侯，以葵丘之会风头最盛。在葵丘之会上，齐桓公代表诸侯宣读共同遵守的盟约。盟约的内容，有些是要求各国在经济上互相协作，有的是需要维护宗法统治秩序，同今天的国家间联合声明没有什么区别。

晋楚相争，晋文公退避三舍、打败楚国，此后的践土会盟中，郑文公替周襄王主持仪式，用从前周平王接待晋文侯的礼节来接待晋文公——用甜酒款待，并用策书任命晋文公为诸侯首领，赏赐给他一辆大辂车和整套服饰仪仗、一辆大戎车和整套服饰仪仗，红色的弓一把、红色的箭一百支，黑色的弓十把、黑色的箭一千支，黑黍米酿造的香酒一卣，勇士三百人，并委托晋文公安抚四方诸侯，监督惩治坏人，确立了晋文公的盟主地位。

著名的蔺相如迫使秦王击缶的故事也发生在盟会之上。秦昭襄王时，秦国发兵攻赵，赵国失利而不屈服。公元前279年，秦昭襄王提议两国在渑池会盟。赵国上大夫蔺相如陪同赵王前往会盟。盟会上秦王胁迫赵王鼓瑟，并令史官记入秦史；蔺相如则强请秦王击缶，亦令赵国史官记入赵史。秦国官员胁令赵国割15城给秦王祝寿，蔺相如则要秦国割都城咸阳给赵王祝寿。双方针锋相对，秦王未能捞到丝毫便宜，只得与赵王言和。

春秋末期，社会阶层急剧变化。诸侯国内的卿大夫为了壮大自己力量，打击敌对势力，也经常举行盟誓活动，"侯马盟书"就是这一类会盟的典型代表。

侯马盟书是晋定公十五年到二十三年（前497—前489）晋

国世卿赵鞅同卿大夫间举行盟誓的约信文书。赵鞅，亦称赵孟，就是史籍中的赵简子（？—前476）。很多人都知道戏剧《赵氏孤儿》，赵鞅就是剧中的那个名叫赵武的孤儿的孙子。晋昭公时，他官至大夫，主政国事，成为晋国赵氏的领袖。为增强实力，赵鞅广结人缘，多次召集同宗与投靠他的异姓举行会盟，以聚拢人心。在压力之下，参盟者向神明起誓，对赵鞅表示忠心。出土的侯马盟书有5000件之多，据统计参盟者达152人，且有许多"寻盟"（反复举盟）的现象，可见这类会盟在当时多么频繁！

会盟的程序和盟书的形成

春秋时期诸侯之间会盟文书的实物迄今还没有发现，从侯马盟书的内容可知，当时由卿大夫主持的会盟是有一个固定程序的——先由主盟人（如赵鞅这样的卿大夫）召集参盟人一起到盟誓地点；之后是"书盟"，即由盟誓管理者将所要盟誓的内容书写在玉、石片上，盟书数量与参盟人数相同；然后是"凿地为坎"，即平整盟誓场地，挖长方形竖坑；接着是"以牲助兴"，就是杀死牛、马、羊等牺牲，主盟人执牛耳，取其血，盟主将牲血分给众人；之后是"歃血为盟"，就是盟主和众人各含一口牲血，表示自己会遵守誓言；再后是"昭大神"，就是用鬼神约束大家；接着是"读书"，就是大声宣读盟书内容；之后是"坎用牲埋书"，需要将牲血涂在誓约上，然后掩埋牺牲和一份盟书，供神灵监视，同时也表明众人对盟书的尊重和认同；最后要将盟书的副本藏于专门存放盟书的地方"盟府"，用于必要时查看。至于作为牺牲的牲畜，古人认为牛最有灵性，用牛血来巩固誓言最有效，所以用牲多为牛。

这里的盟书又称"载书"。《周礼·司盟》"掌盟载之法"注："载，盟誓也，盟者书其辞于策，杀牲取血，坎其牲，加书于上而埋之，谓之载书。"盟书一式两份，一份藏在盟府，一份埋于地下或沉在河里，以取信于神鬼。这一点同今天大有不同，今天的联合声明除了各自存档，是要公开发表、昭告世界的，而那时是要告于鬼神，求神监督。

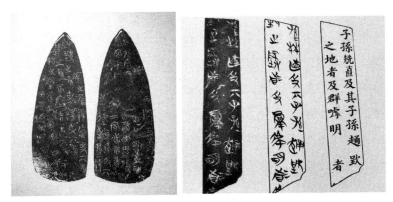

侯马盟书书法及释文

发掘的侯马盟誓遗址面积约3800平方米，分"埋书区"和"埋牲区"两部分，埋书区集中在西北部。在盟誓遗址内共发现坎（埋牲的土坑）400余个，坎的底部一般都瘗埋有牺牲，大坎埋牛、马、羊，小坎埋羊或盟书。绝大部分坎的北壁底部还有一个小龛，其中放一件古时称为"币"的祭玉，个别坑埋有数件。埋盟书的坎则没有龛和玉币。这些玉币和牺牲都是在盟誓时向神或祖先奉献的祭品。书写盟书的玉石片，绝大多数呈圭形，最大的长32厘米、宽近4厘米，小的长18厘米、宽不到2厘米。此外也有圆形和近方形的。

出土的盟书是用毛笔将盟辞书写在玉石片上，字迹一般为朱红色，少数为黑色。盟书内容有以下几种：一是宗盟类，要求效忠盟主，一致对外，实现宗族内部团结。二是委质类，作用是与旧主划清界限。三是纳室类，是对参与者扩充财产的约束。盟书中少量用黑色矿物质颜料书写的，叫"墨书文字"，是对既犯的罪行加以诅咒与谴责，使其受到神明惩处的"诅咒类"。另外还有对盟誓中有关卜筮的一些记录。现存的侯马盟书，宗盟类的514件、委质类的75件、纳室类58件、诅咒类4件、卜筮类3件。可见人事方面的内容大大超过诅咒、卜筮之类与鬼神观念有关的东西，"轻神重人"已成为参盟人的主体意识。并且即使是向神发了誓，后来也经常违背食言，所谓"寻盟"，就是有人背誓、"盟府"中的盟书不见了，要到掩埋地点重新发掘出，再加认定。

侯马盟书的发掘和研究

侯马盟书发现于1965年。这年11月，侯马市新田路南侧拟建设发电厂，考古人员在这一带进行勘探，发现侯马东周古城东南约2.5公里、浍河北岸东西长70米、南北宽约55米的范围内，分布着长方形竖坑400多个。山西省文物管理部门派出考古人员进行发掘，12月9日近中午，在一个竖坑中发现带土的石片，上面隐约有朱书字迹。这些石片，正是侯马盟书誓辞总序的重要标本。这是侯马盟书的首次面世，发现这些石片的竖坑正是一处祭祀坑。

从1965年11月至1966年5月，侯马盟书遗址的发掘历时7个月，共发掘长方形竖坑326个，其中42个竖坑内发现写在玉、石片上的盟书1500余件。这些长方形的竖坑深浅不一，深者5.7米，浅者仅0.2米。坑口大小亦有差异，最大者长1.6米，宽0.6米；最小者长0.4米，宽0.28米。一般每个竖坑埋牲体一具，埋葬姿势或俯、或仰、或侧，部分似为活体埋入。

侯马晋国遗址发现古文字的消息传到太原、北京，著名文物专家谢辰生和原山西省文物工作委员会副主任张颔一起来到现场，考察有朱书文字的石片标本，还带了一些标本回京，请时任中国科学院院长郭沫若帮助鉴别。郭沫若在看过朱书标本后，写出《侯马盟书试探》一文，首次提出"侯马盟书"一词。后来著名古文字学家、考古学家陈梦家先生发表《东周盟誓与出土载书》，认为侯马出土石简即是晋国的"载书"。

关于侯马盟书的起止年代、内容分类及其所体现的晋国历史，学术界还有争议，不过普遍认可其属于春秋晚期。

侯马盟书不仅有助于研究春秋晚期的晋国历史，因其是目前发现的比较早的毛笔书写的文字，其独特的书法艺术也持续引起关注。侯马盟书字体介于大篆与小篆之间，在承袭西周文字的同时，又表现出了晋国的区域性风格。侯马盟书的书写，有偏旁随意增损、部位游移、繁简夹杂、义不相干、滥为音假、随意美化、信笔涂点的特征，正体现了春秋时期文字的书法艺术特点。此外，盟书提供了晋国末期官方文献盟书的规范文体和写法文本，是古代文学、书体研究的宝贵材料。

这类古代盟誓遗址一般面积都很大，相信日后将会有更丰富的会盟材料被发现。如果像齐桓公葵丘会盟、晋文公践土会盟那样的多个诸侯国会盟地点有新的考古发现，应有更大的研究价值和意义。

山西土豪霸国：一个被考古"考"出来的国家

在洪洞县看过广胜寺的"三绝"，即飞虹塔、《赵城金藏》、水神庙壁画后，我又奔赴平遥双林寺，去看寺中精美的明代悬塑作品，之后又顺道去看汾阳杏花镇的太符观和汾阳田村祭祀禹门河社神的后土庙，前者的金代建筑昊天玉皇上帝殿及其内的壁画、后者的明代世俗风的河神壁画都相当精美。结束了在晋南、晋中的多日奔波，我终于来到太原。到达太原的第二天，我就来到山西博物院，寻找那些我在地方上看不到的文物。

十年前，我就留意到，有报道说在山西的考古工作中，发现了一个不见于史籍的西周时代的国家，这个国家名为"霸国"。这个消息给我带来的印象之深刻，很长时间都未能忘怀，所以进入山西博物院，我就直奔商周展厅，去寻找那个"霸国"。还别说，在展厅中，我真的看到了霸国文物的陈列。看了霸国的器物，有感于考古工作者在历史研究中的巨大贡献，我觉得有必要把这个"霸国"的发现和它的历史轨迹介绍给大家。

霸国墓地的葬俗

与很多古代遗迹的发现一样，"霸国"的再现于人间也是因为盗墓。2007年5月，山西省翼城县大河口村有古墓被盗，山西省考古研究所紧急开展对墓地的大规模勘察与发掘。此后近10年间，在现存南北长约300米、东西宽约150米，面积约45000平方米的范围内发现和清理西周墓葬2200余座，灰坑100多个。出土陶器、青铜器、蚌贝器、玉石器、骨器、漆木器、锡器等25000余件（组）。墓地的多座大墓中出土了有"霸伯"铭文的青铜器，考古学家认定，这是一处西周时期的诸侯国霸国的族葬墓地。

墓地是经过规划布局后使用的。所有墓葬均为土坑竖穴墓，墓口为圆角长方形或方角长方形，墓口长多在2—2.5米、宽多在0.8—1.2米，深一般不到3米；个别墓葬长度超过5米、宽

霸国墓地出土文物

玉鹿

漆木俑

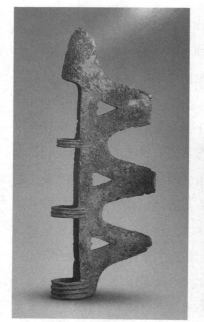

青铜兵器"我"

圆角方鼎

度超过3米、深度超过5米。墓壁底部多向外撇出，呈口小底大状。个别墓葬墓壁上发现壁龛，壁龛内一般放置陶器。

葬具大多数为单棺，少数为双棺或一棺一椁，后者的比例墓地北部比南部高。葬具平面一般为四角平齐的"口"字形或挡板包帮板的"II"字形，部分葬具发现榫卯结构。有的墓葬葬具下有垫木和腰坑，有的腰坑内发现有动物遗骨，个别的能辨明为狗，没有发现殉人。

随葬器物种类有陶器、青铜器、蚌贝器、玉石器、骨器、漆器、锡器等，以陶器和蚌贝器为大宗。陶器中以陶鬲和陶罐为主；青铜器主要出土于高等级墓葬，包括礼器、兵器、工具、车马器等；蚌贝器中多为蛤蜊和海贝，蛤蜊一般作为装饰品，放在墓主人身上，海贝有的用作口含，但主要是作为装饰品放置于墓主人身上。

玉器和漆器主要出自高等级墓葬。漆木器有漆木俑、俎、罍、豆、壶、牺尊、坐屏、杯、案、盾牌、方彝等，其中两个1米多高的漆木俑站立于漆木龟上，双手作持物状，是目前发现的中国最早的漆木俑。玉器主要是以玉璜、珩为主要构件并以各类管珠连缀而成的成组玉佩，此外也有玉鱼、玉鸟之类的小件装饰品。1号墓出土的联璜组玉佩由玛瑙珠、玉管、玉璜等串联而成。组玉佩用于胸前垂挂，是周代服饰用玉中结构最复杂、色泽最鲜艳者，主要出现在西周高等级贵族墓葬中，无分男女。作为礼仪性的玉饰，组玉佩展现了贵族的身份地位，同时也有节步的功能，即身为贵族，要举止有度。

霸伯的豪华

在这2200多座墓葬中，有几座比较特殊，不仅墓葬规模大，而且随葬品丰富，更出土了许多带有铭文的青铜器，考古学家推测它们是不同时代的霸国国君及其亲族的墓葬。

最早被发掘的1号墓是西周初期的霸伯的墓葬，在墓葬二层台四壁有11个壁龛，壁龛内放置有漆木器等物。在棺椁之间或棺盖上堆放大量的青铜器、原始瓷器、陶器等。

墓中出土了1000多件各类青铜器，其中的70多件青铜礼乐器，包括鼎24件、簋9件、鬲7件、爵6件、觯6件等，乐器有钟和铙9件。24件青铜鼎和9件青铜簋，是迄今为止西周高等级墓葬中陪葬青铜鼎数量最多的。

此墓中青铜鼎内壁铭"伯作宝尊彝"、圈足三足簋盖底对铭 "霸中作旅彝"等铭文，表明"霸"是这处墓地墓主的国、族、氏名，"霸伯"是这里的最高权力拥有者。霸伯鼎高55厘米，腹、足部均饰有扉棱，鼎腹部一周装饰三组半浮雕的兽面纹，类似的大铜鼎通常只在商周之际的高级贵族墓葬中随葬。该墓出土的青铜簋形式多样，有圈足式、方座式、鼎式、三足式等，囊括了商末周初铜簋的样式。

2019年发掘的1017号墓是西周中期的霸伯墓葬。此墓也为口小底大的袋状，葬具为一棺一椁，椁底有垫木。墓中随葬品丰富，南北两侧棺椁间为戈、矛、镞等青铜兵器，东侧棺椁间为车马器及其他青铜饰件，西侧棺椁间为大量的青铜礼乐器，椁室内东南部棺盖上有序放置大量海贝。在墓的东侧还陪葬一座较大的车马坑。

青铜器中，仅青铜容器就达50件，包括鼎13件、簋7件、甗1件、瓿1件、豆4件、爵7件、觚2件、卣3件等，13件鼎中有5件方鼎，还发现1件金柄形器。多件青铜器为伯和霸伯"作器"，表明墓主为霸国国君霸伯，从墓中出土的霸伯盂的铭文可知，这位霸伯的名字叫"尚"。

1017号墓出土的青铜器数量上虽然不如1号墓多，但更精致。其中的霸伯罍通体布满纹饰，在商周时期的铜罍中非常罕见，配以器身翠绿的锈色，显得十分华丽。凤鸟纹铜尊高24.5厘米，器型大气厚重，器身饰以四条扉棱，并在口沿处如同飞檐般挑出，扉棱之间则装饰有三层的凤鸟纹饰，上层凤鸟长尾上扬倒卷，底层凤鸟长尾下垂；中层鸟纹形体最大，也最为独特，鸟尾倒卷，鸟首与器身的扉棱相连，长长的鸟喙倒钩。鸟身以云雷纹为地，饰阴线云纹；鸟足饰云纹、涡纹。1017号墓还出有一件铜人顶盘。该器小巧精致，男性铜人踞坐，双手置于大腿上，腰部着敝膝，眉清目秀，长鼻子，头顶圆形垫，垫上为一双附耳铜盘。考古学家推测其可能是一件青铜灯。

此外，还有一座规模较大的2002号墓。该墓虽然规格上低于1017号墓，但也有550余件（套）随葬品，墓主被考证为1017

霸国墓地出土文物

霸伯罍

凤鸟纹铜尊

铜人顶盘

号墓主之弟，即霸国国君"尚"的弟弟霸仲。该墓中出土的鸟形盉极为罕见。器内有铭文，自名为盉。此器通高35.2厘米、通长37厘米，以立姿凤鸟为主体造型，颈部以下伸出一长管形流。在凤鸟的背上有盖，盖内有铭文，盖顶面前端有一个扁环状纽，盖尾有环由兽形链环与鸟身套接凤尾。下设一象鼻足，象鼻内卷上扬，与双腿形成稳定的三点支撑。全器布满纹饰，造型写实、生动，构思奇巧。

霸国历史管窥

　　由青铜器铭文考释而确定的"霸"国是一个不见于史料的国名，但也有学者认为，金文中作为族氏称谓的"霸"与"格"所指实一，所以霸国就是以往金文中出现的"格国"；另有人认为金文"霸"与"伯"乃同字异构，所以霸国也可称为"伯国"。从大河口墓地中出土的文物可知，霸国历史可能贯穿整个西周，一直延续至春秋初期。霸国的最高统治者为霸伯，其统治地域大体在墓地左近的地区，也就是范围大体在五十里见方。

　　有人可能会觉得奇怪，作为国家，面积怎会如此之狭窄？其实周灭商后，以"封建诸侯"的方式保卫周王朝的江山，不仅分封儿子、兄弟或功勋卓著的大臣，还分封先圣王尧、舜及夏、商的后代，甚至将一些戎、狄族群也加以迁封，据说周初分封的诸侯国有1700多个。这些分封国其实面积都不大，大

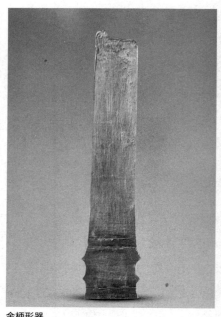
金柄形器

者方百里，中者方五十里，小者方三十里。成王封弟弟唐叔虞到唐，也就是后来的晋，开始的面积也只是方百里。

当时周王室一般会安排一个大国作为区域的方伯，这个方伯相当于二级行政区官员，在某种程度上替周天子治理一方，但事实上他又没有多少实际的控制权，周天子可以越过他直接与小国对话或往来。当时霸伯大约在西周早期得到分封，以晋国为方伯，到西周中期时较为繁盛，到西周晚期逐渐衰弱，一直延续到春秋早期，最终被晋国所灭，或被迫迁徙他处。因霸国国小势微，后来有关该国的记载也就湮灭在历史中了。

霸国人口不多，但在西周时期很"霸气"，豪华的随葬品阵容显示出其国内的控制很严密。从铭文可知，霸国不仅参与周王室祈求卤盐丰产的祭祀活动，而且保障周王室盐源供应，同时操兵守卫河东盐池之安全。出土的霸伯尚盂铭文显示霸国与周王室关系很密切，周王曾派伯考出使霸国，勉励霸伯，并赏赐珍贵的苞茅、鬯酒等，霸伯回赠周王，并制作宝盉，使子孙万代永记王恩浩荡。

霸国与晋、燕等大国有联姻。曲沃晋国墓葬中曾出土一件霸伯簋，铭文为"霸伯作宝尊彝"。当时一国之器出现在他国墓葬中，只有两种可能，一是此国为该国所灭，一是此国曾有女子嫁往该国，器物作为媵器来到该国。发现该铜器的晋国墓葬，墓主是女子，似可推测是嫁往晋国的霸女，如此则晋国和霸国曾为姻亲可基本确定。1号墓出土的燕侯旨卣，铭文为"燕侯旨作姑妹宝尊彝"。"旨"是燕国第二代诸侯的名字，姑妹为燕国女子。此器为燕侯旨为燕国公主出嫁定制的媵器，这是燕国和霸国通婚的实证。

由大河口墓地的遗物可以看出，霸国受周文化影响，也有独立发展的印迹。它拥有独立的物质文化和精神文化，也有自身的信仰，如其造型别致的铜人车辖、鸟形盉，葬俗中殉狗而不殉人、墓中设壁龛、口小底大的墓穴形式等。2002号墓出土的鸟形盉，盖内铭文内容为器主乞关于遵行公命的誓言，申明自己的谋划如系私自策划、不合命令，甘受刑罚。这里的"乞"应是霸国的一位重要贵族。从誓言看，乞是向"公"发誓的，"公"应该就是当时的霸伯。这类铭文似乎是侯马盟书的先声，在西周青铜器铭文中首见，有很重要的研究价值。

研究霸国的考古发现，还可以明白一些事情。史载周代礼乐制度肇始于周公的"制礼作乐"，也就是确立社会各阶层的

霸国墓地出土文物

燕侯旨卣及内装的酒器

俑伯盆与铭文

霸伯山簋

亲疏远近、上下尊卑的等级秩序，包括棺椁制度、用鼎制度、用玉制度、乐悬制度等，但周初这些制度还是很不到位的。按照周礼，只有周天子才能使用九鼎八簋，而在这里，位列三等爵位的霸伯，其墓中随葬的铜鼎竟达24件、簋9件，显然与礼不合。到了西周中期的2017号墓，仍有13鼎、7簋随葬，与其七鼎六簋的最高待遇相比，仍大大逾越，显然西周中期以后对周礼的贯彻还有死角。

从太原虞弘墓看"洋人"在中国

看完霸国的器物之后，我就在山西博物院内尽情游荡。山西博物院内的人不是很多，我可以尽情地欣赏、揣摩自己感兴趣的东西，很快，我就被一座精美的汉白玉石椁吸引。

我以前曾写过青州博物馆里的画像石石棺床，介绍过那上面的"洋人"形象。在那个展览中，我知道在山西还发现有这类的"洋人"墓葬，我的山西之行正要寻找这类题材，此时见到这座石椁，正是"得来全不费工夫"。同青州的残损画像石不同，我眼前的这座石椁相当完整，而且是汉白玉雕刻的，又有精美的彩绘。最关键的是，与青州洋人的无名客商（亦有他说）身份不同，这是一座地道的"洋人"墓，墓主有名有姓，并且在中国的朝廷上做大官，因此其意义就更加重大了。不错，我这里要介绍的，就是被评为1999年"十大考古新发现"

和 "20世纪百大考古发现"的太原虞弘墓。

虞弘墓的发现和发掘

虞弘墓的发现极为偶然。1999年7月，北方已是盛夏季节，天气酷热，太原南郊的王郭村正在修路。8日这一天突降大雨，公路工程因雨停工。村民王秋生担心雨水浸坏自家的院墙，就打算在院墙外挖一道小水沟，将雨水排走。可他没挖两下，便觉得有一块硬物顶住铁锹，再也挖不下去。他心中奇怪，把半锹深的松土铲去，发现一段白色石头露了出来。他忙招呼邻居来看，大家都看不明白，于是七手八脚，顺着石头四缘挖开，遂显现出一个汉白玉石屋顶，屋顶下则有四道石墙。有人认出，这是一座墓顶遭到破坏的古墓。

消息传到太原市晋源区文物旅游局，有关人士立即组织人员保护，并将此事上报省市文物部门，考古人员赶赴现场，考古发掘迅速展开。当时正是雨季，为了避免雨水灌入墓室，考古队员在墓室上方搭起帐篷，日夜守护。经过艰苦的工作，将整个墓葬清理完毕。

此墓总长13.65米，坐东北向西南，由墓道、甬道、墓门、墓室组成。墓道残存长度8.5米，宽约2米。甬道长宽均1.25米。墓室平面呈弧边方形，为单室砖墓。墓室地面未铺砖，仅在四周墓壁下用砖平铺一层，呈方形框，作为砖壁基础。

发掘中，考古工作者发现石椁内外有散乱的人骨，经鉴定属于一男一女，应该是虞弘夫妇的尸骨。墓葬多次被盗，仍出土了80余件随葬品，包括汉白玉人物俑、砂石人物俑、墓志、汉白玉莲花座等。

墓志埋藏于石椁底部，志盖的文字为"大隋故仪同虞公墓志"，志文记墓主人姓虞、名弘，字莫潘，鱼国人。他自13岁起任柔然高官，曾奉茹茹国国王之命，出使波斯、吐谷浑等国，出使北齐时被留任，任官轻车都尉、凉州刺史等，后相继在北齐、北周和隋三朝为官，北周时曾任检校萨保府，入隋升仪同三司。隋开皇十二年（592），59岁的虞弘死于晋阳家中，同年11月18日入葬。所以说，这座墓不仅墓主姓甚名谁十分清楚，埋葬时间也极为准确。

当然，同这些随葬品相比，这座墓最令人震撼的，还是那套精美的汉白玉石椁。汉白玉石椁安放在墓室中部偏北之处，外观呈三开间、歇山顶式殿堂建筑，由长扁方体底座（石床）、中部墙壁和歇山顶三大部分组成，每一部分又由数块或十数块汉白玉组成。石椁总长295厘米、宽220厘米、高217厘米。石椁的椁门损毁严重，只剩下门楣。椁座下四周各垫两个兽头，面部朝外，背负椁座，造型生动。这种歇山顶式样的椁顶仅次于庑殿顶，是贵族的标志，也符合墓主仪同三司的身份。

虞弘墓石椁的雕绘装饰

这具石椁四周满布雕绘，图案内容宏富，主题有宴饮、乐舞、射猎、家居、行旅等。狩猎图多为骑马、骑象、骑骆驼猎狮，人狮搏斗的场面尤为激烈。图中的人物都是深目、高鼻、黑发，人物服饰、器皿、乐器、舞蹈以及花草树木等，均表现出非常浓厚的波斯、粟特文化色彩。部分浮雕还装饰有彩绘并局部描金，使得整个石椁金碧辉煌，色彩斑斓。

石椁的主体浮雕有九幅。研究者认为前四幅表现的是墓主人生前的生活和本民族习俗，后五幅表现的是所期望死后进入的生活境界。

第一幅为牵马与神马图。该图上部为一人在前、手牵骏马，马匹侧后有三人作鼓掌状，马的腹下和身前有犬和羊，人和马的远景为不知名植物。下部图案为一匹神马，前有双腿，后部变为鱼尾状。

第二幅为酿酒与狮子咬神马图。图的上部为楼台，其上三人正采摘葡萄，楼台一侧有二人交谈。下部神马形象同第一幅，身前有一狮子正腾身撕咬。

第三幅为骑骆驼猎狮与胡人持角形器图。图的上部为一人骑在骆驼背上，正引弓射箭，对面是张着大嘴的狮子，骆驼前面也有一只狮子，正跃起咬向骆驼。图的下部是一个手持角形器的胡人。

第四幅为骑骆驼猎狮与大角羊图。图的上部是骑在骆驼背上的人正扭身向侧后方的狮子张弓射箭，骑士上方有飞鸟，骆驼的前方似也有狮子撕咬。下部图案为正在飞跑的大角羊。

第五幅为宴饮与人狮搏斗图。上部图案描绘男女主人在帐中欢宴、欣赏歌舞。方形地毯上男主人梳着浓密的波浪形长发,头戴波斯式王冠,与华贵的女主人一起饮酒,两旁各有两名侍者。前方6人正在表演,正中一男性舞者脚踏圆形小地毯,飞快旋转,似在表演粟特民族的胡腾舞,其左侧3人、右侧2人正在伴奏。下部图案是二人双狮搏斗图。两头雄狮已将武士的头咬入口中,武士身体前倾,右手将剑插入雄狮腹中。

第六幅为骑象搏狮与系绶带神鸟图。图中上部一人骑在象背上,手持长剑,正砍向身后扑来的狮子,大象的脚下也有一头狮子正张口欲噬。图的下部为一只口衔云气的绶带神鸟。

第七幅为行旅饮食与山羊图。图的上部一人骑在马背上,正举杯欲饮,其前后各有一侍者,前面的侍者手捧果盘;天上有飞鸟,马前有小犬。图的下部为一只山羊。

第八幅为出行休息与奔鹿图。图的上部一人坐在腰鼓形墩上,前面一人正在演奏,另一人正跪奉果盘。图的下部为一只奔鹿。有意思的是,这种腰鼓形墩跟青州画像石棺床的那位墓主所坐的"筌蹄"很接近,二人坐的姿势也一样,表明这是一种"洋式"的坐法。

第九幅为骑马出行与牛狮搏斗图。图的上部一戴冠男人骑红色骏马,马的前后各有一侍者,后面的侍者手举伞盖。上方有两只小鸟。马的前方有树木,经考证是现已灭绝的野生古万寿果,这种树在前面几幅图中也有出现。图的下部是正在搏斗

虞弘墓石椁主体浮雕

人物形象

酿酒与狮子咬神马图

宴饮与人狮搏斗图

出行休息与奔鹿图

的公牛和狮子。

石椁上除了浮雕,还有绘画。绘画分为彩绘与墨绘两种,以浮雕加彩绘的图像最为精彩。这类画面均为单幅图像,每幅图像或以椁壁区别,或以壁龛、壶门等分开,每幅画面都模仿波斯式的摩崖石刻和波斯银盘表现英雄和重大事件的画面,中心突出,布局简洁,却极具内涵。研究者将这些图像统称之为"仿波斯风格的图像"。

在石椁的画面中,还有一幅尺幅不大、却很有寓意的圣火坛与祭祀图。画面正中,占据突出位置的是一个烈焰熊熊的火坛,两侧有两个人首鹰身的袄教祭司,正在小心翼翼地抬着火坛。这种表现圣火的画面是袄教,也就是拜火教或琐罗亚斯德教圣火崇拜的象征。

虞弘墓的意义

这座虞弘墓是十分重要的考古发现,它被评为"20世纪百大考古发现"是实至名归的。这里我就说说它的意义。

首先,以往的考古发现中,北朝隋代的墓葬里,歇山顶的墓椁仅见于皇室成员,且都是较普通的石材。而虞弘墓的石椁竟然采用了上等的汉白玉。如此精美的汉白玉石椁,此前尚未发现,其价值以及带给学术界的震撼难以估量。

究竟是什么身份的人才可以享有如此奢华的石椁呢?墓志告诉我们,墓主是来自西域"鱼国",在北齐、北周、隋做大官的虞弘。吉林大学实验室通过人骨基因分析，表明虞弘的线粒体DNA序列具有欧洲序列特征，虞弘夫人的线粒体DNA序列同时具有欧洲和亚洲序列特征。虞弘是入华粟特人中的代表，这种隆重的待遇，是否出于其"外国人"且是"拜火教徒"的身份呢？我们似可由此感受到隋唐之前的北朝社会以及统治者对外来文化兼容并蓄的态度。

我们学习历史，知道在北朝隋唐时期，有很多来自西方的客商在华从事商业活动，这些人被笼统地称为"粟特人"，唐代对这些人还有一个称呼，就是"昭武九姓"。入华的粟特人职业多种多样，包括商人、乐伎、工匠等。不少长期留华的粟特人从军，唐代军队中就有大量粟特人。而这位虞弘更为高贵，他来华前已经是官员，所以在北周时官职就到了"检校萨保府"，入隋更是有"仪同三司"的待遇。萨保府在当时是掌管入华外国人事务的机构，北齐北周时需要设立这样一个官府，可见在华的外国人已经相当多了，说明山西在北朝到隋唐时期是中西文化交流的热点地区。有意思的是，墓志中提到的"鱼国"，不属于昭武九姓，不见于中国史籍，也不见于历来的研究，其具体方位及历史还有待未来的发现与研究。

虞弘墓图像中没有出现中国元素，都是外来风貌。墓内出土的汉白玉石椁、彩绘浮雕和石雕乐俑，具有浓厚的异域风情、鲜明的文化特色、高超的艺术水准和重要的历史价值。这个虞弘，以鱼国人的身份，来华后改姓为同音的"虞"，又采用了中国式的墓制，却在葬具的装饰上完全使用了本民族的艺术题材，表明虞弘是第一代入华的粟特人，而如安伽、史君等第二代或第三代入华粟特人，石椁或石床榻画面中就包含了不少中国因素，说明他们是逐渐被汉化的。

虞弘墓是我国第一座经过科学发掘、有准确纪年并有着完整丰富西域图像资料的墓葬。虞弘墓石椁展示的鱼国和西域的生活、民俗、信仰、歌舞、风情、艺术等，洋溢着浓烈的中亚民

虞弘墓石椁上波斯萨珊风格的彩绘浮雕

族气息和萨珊文化特色，是研究丝绸之路以及入华粟特人的珍贵资料，有很重要的研究价值。还可以多说一句的是，近年来，西方伪史论之说日渐盛行，认为古埃及、古希腊、古罗马的历史都是西方伪造的。如果此论为真，那么受古罗马影响的波斯萨珊文化也应是假的。但虞弘墓的石椁图像是出土于中国的实实在在地受波斯萨珊文化影响的题材，而且随着粟特人的日渐汉化日趋式微。这一事实从另一面证明了西方伪史论站不住脚。

汾河谷地的佛光：说山西的两处佛教石刻造像窖藏

我在访古山东时，到访青州，对青州龙兴寺的佛教石刻造像有过介绍，但实际上，就佛教遗迹而言，山西的相关遗存更多样、更丰富。山西处于佛教传入中国的路线上，又位于丝绸之路左近，还是北魏迁都洛阳的必经之路，所以佛教遗迹不仅时代早，而且存量大、表现丰富。佛教寺院不说了，就石窟寺而言，山西不仅有云冈石窟这样的超大型石窟，还有天龙山石窟、羊头山石窟、千佛崖摩崖造像、石马寺石窟、山神峪千佛洞石窟、焦山石窟寺等一大批中小型石窟。据调查，山西省共有石窟寺（含摩崖造像）481处，其中石窟寺278处、摩崖造像203处。

山西的佛教石刻造像也有十分精彩的发现。远的不说，新中国建国后，山西就有两处极其重要的佛教石刻造像的发现，这就是1954年发现的华塔村石刻和1959年发现的南涅水石刻。由于这两处石刻发现得比较早，所以今天的人们不大了解。我在山西博物院，看到这两处石刻的展品，为其特色和艺术水准所震撼。

南涅水石刻

南涅水佛教石刻是在山西沁县南涅水村一座古寺院遗址内，被村民无意中发现的。1957年秋经山西省文物考古部门发掘清理，出土各类石刻造像2139件。这些石刻雕凿于北魏永平三年至北宋天圣九年（509—1031），跨越东魏、北齐、隋、唐、宋五个朝代，以北朝时期的最多。东汉时佛教传入中国，不久后南涅水就有了佛寺，初名弘教寺，金大定九年敕封"洪教之院"，石刻就出土于该寺院遗址内。

南涅水佛教造像塔

南涅水石刻大体可以分为造像塔、单体造像和造像碑三种式样，北朝时期以造像塔为主要形制。造像塔又分为三种，一种是四方柱形塔体，塔石上下尺寸相同，四面尺寸相近；一种是四方锥形塔体，塔石下大上小，相邻四面形状相同，各塔石均呈方台形；一种是八面形塔体，各面开龛造像。造像塔的面与面之间以明柱斗拱相连，每块石的四面均有佛龛，并有各种装饰，四面均可观赏，易于搬动，易于保存。山西博物院陈列的五座石塔，每座七级方形塔石，四面雕凿图像。这种造像塔的形式为国内所罕见，极为有趣！

造像塔佛龛有单龛、三龛、双层四龛、多层多龛等组合，龛内佛像有一佛二菩萨、二佛并坐、弥勒佛、三世佛、七佛、千佛等形式，龛内刻有诸多佛教故事，多为佛陀成道故事。此外还有菩萨、护法、力士、飞天、龙各种动物形象、供养人、艺人，以及卷草、忍冬、莲花、菩提树等多种纹饰。龛楣和龛柱装饰丰富，造像和服饰反映各时代的特点，具有丰富的民间特色。

南涅水石塔各有题刻，年代起于北魏延昌二年（513）、迄于北齐天宝四年（553），所以这批作品的雕凿时间大体是从北魏晚期到北齐末，时间跨度仅四十来年。其造像题材和造型风格等与同时期的石窟寺艺术接近，但因系雕刻于碑石上面，故多为高浮雕作品，形体较小，雕琢更加精细。

南涅水是北魏都城洛阳到陪都平城的必经之地，其石刻具有时代共性和本地特色。雕凿于砂岩上的佛像、罗汉，以及供养人、飞天等，已经从西域风格渐变为中原风格，画面上的建筑、陈设、服饰、装饰纹样等也都显示出东西文化艺术交流的特征。这类石刻虽不恢宏壮丽，但精彩别致。其规模无法与云

南涅水造像塔局部

冈、龙门等皇家、贵族石窟相比，但显得自由、开放，充分体现出古代民间佛教雕刻艺术的水平。

南涅水石刻最明显的特点是民间集资凿刻。像塔的石刻艺术和技法，有的技艺纯熟，有的简陋粗糙，推测那些由当地官员、乡绅发起和资助的石刻，因为有能力雇佣能工巧匠，或懂得佛教教义，雕刻质量便较高；而平民或社邑集资，因财力薄弱，雇不起较好的工匠，或对佛教一知半解，雕刻质量自然较差。

南涅水石刻造像是在云冈石窟的影响下出现的，但它不是远涉深山、辟崖凿窟，而是因地制宜、就地取材，凿石成像，合而成塔，从而出现了这样一批生动活泼、形式不拘的佛教艺术形象。2007年，研究者在距南涅水村不远的烂柯山"闪身崖"下，发现一个巨大的采石场遗址，比对石料的材质，初步认定这里就是南涅水石刻的取材之地，南涅水佛教造像就是在这个"车间"加工制造的。

这些石刻又是为何被埋在地下呢？研究者认为这些瘗藏佛像的行为，同"三武一宗"的废佛有关，但不是"三武一宗"毁佛时所为。这些造像塔或佛像保持比较完整的形态被埋藏，似乎不是"运动"中狂乱的行为，而是灭佛运动发生后，对佛教仍存信仰的僧人和当地百姓的埋藏行为，让它们"入土为安"。对佛教徒而言，这既是积累功德，也是护佛弘法。

华塔村石刻

华塔村在晋祠东北1.5公里，隶属于太原市晋源区，因村北有华塔寺、寺内有华塔而得名。1954年，在铺设化工厂从难老泉取水的地下管道时，山西省文物管理委员会在华塔寺废墟一带挖出几十件佛教石刻雕像。

石刻分两处埋藏。第一处在古城营与华塔村的中间，距两村各约1公里，埋藏有18件石刻雕像。其中有两个小型的佛像，跌坐在长方形的台上，一尊高40厘米，背后刻"武定三年"年号；另一尊高35厘米，背后刻"兴和二年"年号。武定三年、兴和二年均为东魏年号，前者为公元545年，后者为公元540年，是这些石刻中较早时期的作品。另外还发现35厘米高的佛头三个，一个是汉白玉质地，两个是砂岩质地。其他的有菩萨头像，大小与上相同，带冠；菩萨立像，高60厘米，面貌丰满，身材细长；还有力士头像、残佛手等。第二处地点在第一处地点西边半里，两个埋藏坑东西并列，相距五六米，埋藏的佛教石刻均为小型石雕，最大的是高60厘米的观音菩萨五尊像。这里出土的石刻以汉白玉的居多，共同特点是面相清瘦，身材修长，属北齐造像风格。

这批石刻虽然没有青州佛教造像那样的惊艳，但一些精品仍十分出色，代表了北齐佛教造像的最高水平。如北齐时期的观音菩萨五尊像为砂石质地，采用贴金彩绘装饰，整体雕塑以双树背光为造型，高浮雕出伎乐飞天及二龙奉塔等，面目祥和

华塔村出土佛造像

菩萨头像

贴金彩绘释迦坐像

释迦七尊像

的菩萨携弟子与胁侍款款而来，主尊观音菩萨头戴华冠，身佩璎珞。整体雕刻精致，装饰华美，堪称北齐菩萨造像的精品。

北齐时期的释迦头像为汉白玉质地，螺发高耸，脸庞轮廓圆润优雅，双目轻合，鼻梁劲挺，薄唇柔美，嘴角微微内敛，显得雍容华贵、气质高洁。由于其精美绝伦，出土后一直被认为是唐代杰作，后来才修正为北齐佛教造像作品。

释迦七尊像为一佛二弟子二菩萨二胁侍的组合。释迦佛坐于仰莲座上，全身贴金，施赭红彩；舟形背光周边浮雕宝塔、飞天，底座雕莲花化生手托博山炉供养；背面有彩绘佛像。

北齐时期的菩萨头像也极精美。菩萨头戴花冠，双目轻合，眉如弯月，鼻梁高挺，面部隐约显露微笑，具有丰满俊秀、雍容典雅的气质，既带有印度笈多佛教的风格特征，又有明显的中国化痕迹。

龙泉寺塔基金棺银椁：罕见的唐代佛道交融例证

在山西博物院看展，面对诸多精美文物，我流连忘返，真有美不胜收之感。看完南涅水和华塔村的佛教石刻窖藏，我发现旁边还有一个"瑞相重光——太原龙泉寺唐代地宫出土五重宝函特展"。以前我只知道陕西扶风法门寺地宫，这个"龙泉寺五重宝函"还真没有听说过，遂移步观看，不料又带给我新的震撼。

据介绍，龙泉寺位于太原城西的太山，现存中轴线建筑有山门、三大士殿、观音堂，都是经过新近维修的明代遗构。在三大士殿的踏步东西两侧，各有一棵参天古槐，树径粗大、枝干遒劲，推断树龄应早于明代。东侧树旁有唐景云二年（711）的石碑，表明此地早在唐代已建立寺院。而随着龙泉寺塔基的发掘，该寺的历史形象更是陡然高大了起来。

龙泉寺塔基的发现与发掘

由于寺院原有的蓄水池年久失修，发生渗漏，院方在2008年决定在三大士殿东面十数米的山坡台地修建一处新的蓄水池。这年5月8日，在施工时发现石门和石条，太山文物管理所随即报告山西省文物局和国家文物局，经批准后，由太原市文物考古研究所和太山文物管理所组成联合考古队，进行抢救性考古发掘。

考古工作从夏季一直延续到入冬。随着对于发掘对象的认识不断清晰，发掘者收获了超乎寻常的惊喜和意外：考古工作不仅发现塔座基础，更出土了地宫、宝函。考古发掘揭示，塔体依山而建，外墙面用长条石收分叠涩围筑，地宫与外墙之间夯筑黄土以坚实地基。塔基平面呈方形，边长近10米，残高1米余，中心部位开挖地宫；地宫坐北朝南，由短甬道、宫门和六边形宫室组成，其地面、立壁均由石板和石条砌筑；宫门亦由条石搭砌，由门槛、门扇、门框等结构组成，门框两侧各雕有一尊力士像；宫室内置一方形石函，打开石函，大块残损的木椁片散落其中，一件精巧的鎏金铜椁躺倒一侧。

由于木椁已散乱，最先开启的是鎏金铜椁。鎏金铜椁之内是银椁。银椁上雕刻着与铜椁相似的瑞兽图案及花纹。银椁内是一个金光闪闪、一个手掌就可托起的小巧金棺。金棺除后挡部浅浮雕佛足外，再没有多余的纹饰，仅一条丝带系在金棺上。

金棺银椁的图案与工艺

石函内盛装的金棺和银、铜、木椁制作精良，葬具套合规整、选料考究、装饰华贵，采用浮雕、镂雕、錾刻、鎏金等工艺，同时大量使用绿松石、石英石作点缀。在雕凿方面，创作者为避免乏味的艺术流程，所刻画的四神、人物形象富有变化，栩栩如生，谨严的宗教规制和高超的制作工艺和谐统一、有机结合。

石函长57.5厘米、宽37.2—46.4厘米、高60厘米，为砂岩雕凿，由函盖、函身扣合而成，函盖呈盝顶形，外表刻文大都为供养人的姓名；函身字迹脱落严重，推测也为供养人姓名。

木椁残损最为严重，出土时，佛足、四神、铺首衔环、力士等镶嵌鎏金饰件散落在石函内，不过可从散落残件辨别其式样。木椁之内的几套不同质地的椁具均由椁盖、椁身和椁座三部分组成。椁盖覆瓦状，侧面雕饰铺首衔环；椁身前高后低；椁座平面呈长方形，须弥状，围廊和转角安装镂雕卷草纹护栏。

鎏金铜椁置于木椁之中，长27厘米、宽11.2—14.5厘米、高13厘米，制作十分精良。椁身放置在须弥座上，须弥座周围镶嵌蔓草花纹饰件。椁身四周镶嵌佛足、四神、铺首衔环，椁门两侧各立一弟子。

银椁放在鎏金铜椁之内，长15厘米、宽5.8—7.6厘米、高6.9厘米，盖上镶嵌珠宝、铺首衔环。其雕镂及鎏金等工艺与铜椁基本相同，更镶嵌有绿松石、石英石、红玛瑙等各类宝石，门口一只小巧纤细的仙鹤，头顶竟然嵌有比小米粒还小的红色宝石，其精细程度令人惊叹。前挡正中装饰火焰门纹，门两侧侍立供养人各一，门上方饰有朱雀；后挡饰佛足一对，佛足上方饰有玄武；左右帮板分别饰青龙、白虎。

银椁之内放金棺。金棺长8厘米、宽4.5厘米、高约3厘米，分为棺盖、棺身、底座三部分，小巧精致，出土时用丝带捆扎，挽结成蝴蝶状，丝带外观保存完好。

这是国内考古第一次发现保存完好的唐朝丝带缠绕金棺。因为丝带易碎，而且唐朝的蝴蝶结一旦解开，就无法复原，所以国家文物局要求打开金棺时，不能解开蝴蝶结，而且不能切断缠绕金棺的整条丝带。金棺出土后，专家们曾将其与陕西扶风法门寺发现的佛指舍利资料相对比。前者从外形、纹饰以及棺椁的放置顺序，都与后者极为相似，所以大家相信其中应该存放着佛舍利。尽管如此，由于存在丝绸蝴蝶结这一巨大难题，金棺仍是长期原样保存，没有打开。2020年，太原文保机构与国际古迹遗址理事会合作，采用先进的科技手段开启金棺，发现金棺内是编制精美的双重锦囊，锦囊中珍藏着23粒佛舍利。

龙泉寺金棺银椁的意义

通常意义上的舍利，是指佛的遗骨或者与佛有关的圣物。佛经记载，佛祖释迦牟尼涅槃后，其舍利被分成八份，由八国国王各自建塔供养。后来崇拜者为表虔诚，供养舍利的风气渐盛，盛装舍利之物也日益豪华。隋唐时，供养舍利之风传到中国，与中国传统的丧葬制度结合，形成具有中国特色的舍利瘗埋制度，即对佛教高僧遗骨舍利建筑塔庙进行祭奠奉养，以金银棺椁盛放舍利，制作上也用上鎏金、镶嵌等工艺。

据《集神州塔寺三宝感通录》记载，高宗显庆五年（660）三月，诏迎法门寺舍利往东都洛阳宫中供养，这是中国供养佛舍利之始。龙泉寺地宫出土的五重舍利宝函的时代总体上也处于这个时期。根据石函上"臣"字的特殊写法（即忠字上面一横，意指臣子一生只忠于一人），研究者判断，这是武则天当政之年所修的佛塔塔基。因为"忠"字之上加一横所成的"臣"字，正是武则天所造的18个字之一。另外，石函铭文中有"安息大都护""田杨名"的字样。田杨名此人是武周时期坐镇西域的封疆大吏，在《旧唐书》《新唐书》中均有记载。由此可知，石函与金棺银椁等为盛唐时期文物，塔基当建于唐

有武则天造"臣"字的石函刻文

武周至睿宗时期（690—712）。

金棺银椁中盛放着佛舍利，这当然是佛教的仪轨，然而金棺银椁的饰纹，处处都透着玄机。最明显的，在铜椁和银椁上饰有朱雀、玄武、青龙、白虎，这些是最为典型的道教图案；而须弥座、栏楯、菩萨却属于佛教，并且在铜椁、银椁和金棺的后档处，分别出现一对佛足，象征佛祖圆寂后的教诲。汇集在宝函之上的这些本应是互相冲突的文化元素，说明了唐代前期佛教和道教存在着互相让步、互相融合的事实。

我们知道，北朝和隋代佛教十分发达，唐朝开国时，虽奉行儒、释、道三教并尊的政策，但事实上是以道教为尊，李渊便自称是老子的后裔。不过李渊和李世民也看到了佛教 "因果轮回" "善恶有报" 等教义可以劝人向善，有利于社会的安定，加上佛教没有触犯李唐皇室的利益，所以佛教也得到了皇帝的支持。唐高宗李治在佛、道两教中，更信奉佛教。武周时期，武则天为了称帝，不仅利用佛教伪造出身，更直接打压李氏皇室所尊奉的道教，从而使佛教力压儒、道两教，成为当时的 "国教"。但佛教方面亦不能不做出妥协，吸收道教的某些成分，龙泉寺金棺银椁上这种佛道融合的装饰形式，应该就是这种融合或妥协的表现形式。

武周时期，佛教达到鼎盛，不仅在全国各地兴建寺院，更出现了如龙门石窟那样的佛教胜迹。武则天是并州人，所以她曾多次到山西祭拜，并曾到离龙泉寺不远的蒙山大佛和龙山童子寺礼佛。武周时期，太原的佛事活动频繁，香火旺盛，这里瘗埋有金棺银椁佛舍利也是可以理解的。

因为我拟将大同附近作为未来访问西北的停留地，所以此次山西访古之行，在结束了太原的访问之后，主要目的已经达到，就踏上了归程。我的回京路线是取道飞狐陉、蒲阴陉出太行山，途中在代县稍作休憩，顺便访问了明代所建的边靖楼、代州文庙和元代所建的阿育王塔，这里就不展开介绍了。

山西翼城大河村霸国墓地1号墓出土的联璜玉组佩

三门峡市上村岭虢国墓地孟姞墓出土的兽叔铜盨及盖内铭文

山西大同司马金龙墓出土的漆画屏风板

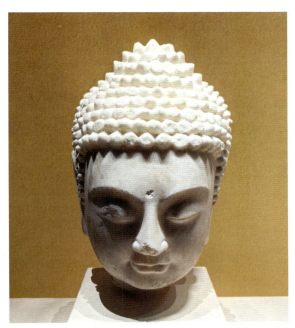

山西太原华塔村出土的东魏时期释迦头像

河北磁县东魏茹茹公主墓出土的金冠饰

山西太原华塔村出土的观音菩萨五尊像

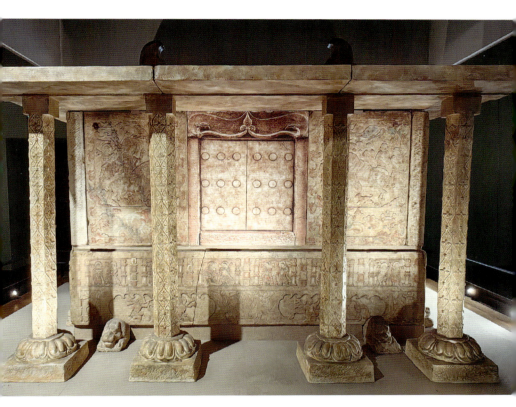

山西太原隋代虞弘墓的汉白玉石椁

山西太原龙泉寺地宫出土文物

鎏金铜椁

银椁

金棺

鎏金铜椁前挡上的朱雀

鎏金铜椁后挡上的玄武和佛足

中州大地访古行

时光倥偬，5月份的山西之行结束后，转眼间就是四个多月过去，我又要踏上新的旅程了。

　　新的目的地其实已经明确：继山西之后，我要去探访河南、陕西两省，以便补齐陕晋豫这一大的板块。如果说山西的地上文物是全国最丰富的，那么，河南和陕西的地下文物应该在全国排前两名，所以不愁无古可访。从另外一个角度说，陕晋豫地区是传统意义上的"中原"，是中国的腹地，是中国历史上文明发源最早的区域，三皇五帝的传说基本上都在这个地域，所谓"中国"，其实最早就是指这个地区。我已经访问了山西，下一步理当走一趟河南和陕西，从而为读者提供一个中原板块的文物地图。

　　有些麻烦的是，河南和陕西都是文物大省，可以说遍地都是文物，在时间有限的情况下，到底去哪儿还真是个问题！为了能看到真正值得看的东西、少跑冤枉路，我分别向张玉石兄和吴永琪兄请教。张兄是我大学的同班同学，毕业后回到河南，在河南考古部门深耕多年，对河南的文物和古代遗迹可以说是了如指掌；吴兄是秦始皇帝陵博物馆前馆长，在陕西从事文物考古多年，人脉深广，他们分别给了我河南和陕西的重要遗址和博物馆的线索，我根据他们的建议，拟出了此行的大致路线图，于2024年国庆节后开始了中原大地的访古之行。

由北京南下河南，第一站是邯郸南部的临漳。邯郸既是向西进入山西的门户，也是向南进入河南的路口，我此次要访问的曹魏邺城遗址位于临漳，过了临漳就是河南的安阳市了。其实讲历史，今天属于河北的磁县、涉县、武安、临漳等4个县历史上本来属于河南，只不过新中国成立后，省域区划调整，才划归河北。所以我从临漳开始中原的访古之行，也正暗合探求历史发展脉络的本意。

北朝之都邺城：中国古代都城规划之始

邺城是由曹操奠基建立的，之后先后成为曹魏、后赵、冉魏、前燕、东魏、北齐的都城。位于今河北省临漳县的邺城遗址是中国古代都城规划肇始地，在中国古代都城建设史上具有承上启下的重要意义，所以我南下河南，邺城遗址是必看的。

说到邺城，我还有一个心结，当年在编辑《中国大百科全书·考古学》的时候，编委会秘书徐光冀先生就主持邺城遗址的勘探发掘工作，常听他讲起邺城遗址的情况，因此当时就很想实地看看，但这个心愿始终没有实现，今天来到，算是了结了一桩40年的心事。

古都邺城的前世今生

临漳古时称邺，传说是颛顼的孙女女修之子大邺的封地，故名。在公元前658年，春秋五霸之首齐桓公始筑邺城，作为他称霸中原的战略之地。战国时期，魏文侯把这里定为都邑，西门豹治邺的故事就发生在这里。他革除陋习，兴修水利，大力发展农业生产，使邺城很快成为繁荣富庶、易守难攻、交通便利的战略要地。

东汉末年，袁绍割据河北，邺城是其统治中心。建安九年（204）曹操击破袁绍之子袁尚，据有邺城。受封魏公后，开始按照王都规制，在邺城大规模展开营建，以此作为其统一北方、兼并群雄的根据地。曹操先后修建了举世闻名的"铜雀（铜爵）、金虎（后改称金凤）、冰井"三台，其中的铜雀台就是《三国演义》中曹操大宴之所。经过曹操的经营，邺城迅速成为全国文化、经济中心之一。故此曹丕代汉后移都洛阳，仍把这里作为北都。

邺城西门豹祠后赵建武六年（340）勒柱刻石

西晋建兴二年（314），为避晋愍帝司马邺的名讳，又因此地北临漳河，邺城改名临漳，并先后成为南北朝时期后赵、冉魏、前燕、东魏、北齐都城，尤其是在东魏北齐时，邺城发展至最高峰。公元534年，北魏分裂成东魏、西魏，东魏权臣高欢挟持孝静帝元善见从洛阳迁都邺城。当时邺北城已破烂不堪，高欢依着邺北城的南城墙，建起邺南城内城，其外围则是大规模的外郭城；又于538年营建了规模更加宏大的邺南城。他别出心裁，将城垣的平面布局由方形改为乌龟形状，成为中国迄今为止发现最早的"龟形城"。

北齐时期大规模重修邺北城、邺南城，使得邺城在城市规模和功能上日趋强大完善，成为中国乃至全世界都具有一定地位的国际性大都市。东魏北齐时，佛教成为国教，国都邺城成为全国佛教的中心。但邺城很快衰败。577年，北周灭北齐，改邺为相州治所，邺城从国都降为州治。580年，相州总管尉迟迥从邺城起兵、反对外戚杨坚擅政，旋即失败。杨坚担心邺城再起叛乱，下令把所有邺城百姓连同相州、魏郡、邺县三级治所一律南迁至45里外的安阳，彻底摧毁邺城，一代名都从此成为废墟，逐渐消失于历史长河中。

20世纪50年代，考古学家俞伟超先生曾到邺城进行考古调查，为邺城考古的开端。1983年，中国社科院考古所邺城考古队进驻临漳，经过持续勘探、发掘，揭露出宫城、建筑基址、城墙、城门、护城河、道路、渠道等丰富的城市元素。

考古工作反映的邺城规划和布局

曹魏北朝邺城遗址位于今天的临漳县邺镇一带。根据考古勘探，确认邺城遗址分邺北城和邺南城两大部分。邺北城先后为曹魏、后赵、冉魏、前燕的都城。邺南城则是东魏、北齐两朝的都城。

邺北城（今河北临漳境内）的范围，据记载是东西7里，南北5里，周设6门。实际勘测结果为东西2400米，南北1700米。一条连接建春门和金明门的东西大街，将邺北城划分为南北两个区域。北部中央为宫殿区。宫殿区西部为禁苑铜雀苑，又称铜爵苑，是建安（邺下）文人的重要活动场所。曹操在铜雀苑西侧的城墙上修筑了三座高大的台榭，由南向北依次是金虎（凤）台、铜雀台、冰井台，是中国古代台式建筑的巅峰之作。三台内设马厩、武库。宫殿东面为贵族聚居区戚里及衙署。城南部为居民区、商业区和手工业区，被南北向道路分割成吉阳、永平、思忠三里。北邺城规划整齐，交通便利，其布局前承秦汉，后启隋唐，它的中轴对称制度、单一宫城布局、明确功能分区的设计理念，在中国古代都城规划建设上影响深远，考古学家杨泓综合都城、建筑、墓葬、造像诸方面遗迹和遗物，提出"邺城规制"的概念。起自三国时期曹魏邺北城，经北魏洛阳到东魏—北齐邺南城，终于隋唐长安城所形成的"单一宫城居北、中轴对称分布"的都城格局，被学者们肯定为中古都城的典范。元明清时期的北京城均沿袭这一思路，就连日本奈良的平城京，也是仿邺城建造而成。

　　曹魏时期，漳河在邺北城城外北面流过。穿过邺北城中间的河流称长明沟，即引漳水而来，是邺北城主要的用水来源。但后来因漳水泛滥与改道，邺北城遗址遭到严重破坏，今地面所存，仅金虎台、铜雀台等部分残基以及瓦当、青石螭首等遗物。值得一提的是，邺城考古队还于1996年在漳河河道内发掘出邺城的地下潜伏城门。这个城垣下的城门用青砖砌成，券顶大部分保存完好。城门入口处在邺北城里面，向南进入斜坡通道，北高南低，城门通道穿越南墙。经测量，城门宽3米多，高近4米，通道长40米，出口门道设有门槛、石枢、石排水暗沟，

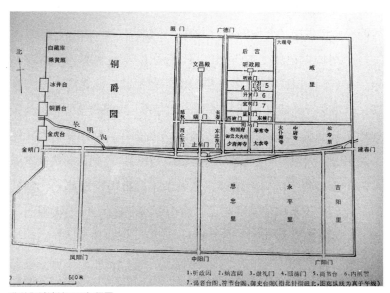

曹魏邺城遗址平面复原图

铜雀台出土的青石螭首

城门外连接着一条东西战壕。该城门应是曹魏至十六国时修筑的，显然是为埋伏奇兵、实施突然袭击而用，因此可称其为"伏兵门"，充分体现了古人作战的智慧。有人推测，这个秘密通道可能就是传说中"曹操的兵数不清"一说的"转军洞"。

邺南城据记载是东西6里、南北8里60步，实测为东西2800米、南北3460米。其城垣迂曲，墙外有护壕。城北部中央为宫城，宫城之北有后苑。从2015年开始的考古勘探和发掘，累计勘探邺南城宫城面积约27.4万平方米，发掘面积约8524平方米。遗址内出土了大量高级别的建筑材料和宫廷用具；确认邺南城宫城内部位于轴线上的宫院墙址，新发现了一批规模宏伟的宫室建筑。此后还确认出位于邺南城宫城中轴线北部的206号大殿为东魏、北齐时期皇帝寝宫。城南部为居民区，分设里坊。正南门朱明门经发掘得知为三门道，门南侧有方形阙楼台基。南城紧靠邺北城，北城南墙即南城北墙，邺南城的北门就是邺北城的南门。

邺城出土的精美文物

　　提到邺城出土的文物，必定要讲到北吴庄佛教造像坑。2012年3月，社科院考古所与河北省文物研究所联合组成考古队，对邺城遗址东部北吴庄佛造像埋藏坑进行考古发掘，发现了新中国成立以来数量最多的佛造像，共出土各类造像2895件。这批佛教造像绝大多数是汉白玉造像，少数为青石造像，时代跨越东魏、北齐至唐代初期，其中的"龙树背龛"佛造像精美绝伦，

东魏思惟菩萨像

北齐弟子立像

为中国北方佛教史上首次发现。这一考古发现，是中国佛教考古最重要的收获之一，所发现的规模宏大（长400米）、地理位置重要（邺城御道附近）的多院式佛教寺院，无疑具备了皇家寺院的气派。

2023年3月，在核桃园北齐大庄严寺的勘探与发掘中，出土了两件大型兽面瓦件。其表面呈黑光，宽42厘米、高48厘米，规格较大，上端弯曲呈弧形，正面模制出高浮雕的兽面，显示出独特的时代特性和建筑级别。这是邺城遗址首次经科学发掘出土且保存完好的大型兽面瓦件。

此外，宫城区还出土大量高级别的建筑材料和宫廷器具，遗物数量众多、规格很高，极大丰富了对北朝晚期建筑、雕刻、陶瓷、金属制品等工艺技术的认知。此外，在城内外的墓葬中还出土了许多陶、铜、铁器以及各类饰物，从中可以看出当时的经济状态和社会发展状况。

初访高陵话曹操

在中国的古人中，曹操恐怕是最为老百姓熟悉的人物了。得益于《三国演义》和各级各类地方戏曲的巨大影响，曹操几乎是民间妇孺皆知的人物。在人生的前二十年，我对曹操的认知，几乎都来自《三国演义》，后来上大学，读到《三国志》，对曹操的认识才有了一些改变。多年来，我对曹操的兴趣始终不减，而且由于曹操后代DNA的测定，发现其中的一支竟然就在我的老家辽宁东港的大孤山镇，这就更使我对曹操的人生及身后事充满了兴趣。

说到身后事，2008年至2009年，河南省文物考古研究所发掘了安阳高陵，此后经中国考古学界相关学者确认，国家文物局最终认定安阳高陵墓主为曹操。这一结论受到质疑，形成了一个不大不小的话题，也引起了我的注意，因此很想实地看一看，但阴差阳错，始终没有看成。此次河南之行，看过邺城遗址之后，离高陵已经是近在咫尺，所以有机会近距离看看这个被称为"乱世之奸雄，治世之能臣"的人物的陵墓。

说说曹操这个人

曹操（155－220），字孟德，一名吉利，小字阿瞒，一说本姓夏侯，沛国谯县（今安徽亳州）人，东汉太尉曹嵩之子。

曹操少年任侠放荡，二十岁时举孝廉为郎，授洛阳北部尉。后任骑都尉，参与镇压黄巾军，调济南相。董卓专权，他散尽家财，起兵讨之。初平三年（192）组建青州军。建安元年（196），他将汉献帝迎至许县，从此用献帝名义发号施令，开始所谓"挟天子以令诸侯"的生涯，相继击败袁术、陶谦、吕布等势力。建安五年在官渡之战中大败割据河北的袁绍，随后削平袁绍之子袁尚、袁谭，北击乌桓，统一北方。建安十三年进位丞相。同年率军南征，收服荆州，但在赤壁之战中败于孙刘联军。建安二十年取汉中，次年进爵魏王。建安二十五年病死于洛阳，享年66岁。曹丕代汉、建立魏国后，追尊为太祖，谥号武皇帝，葬于高陵。

对于曹操的功业及其为人，后世评论分歧颇大。与小说、戏曲中的"奸雄""白脸曹操"不同，《三国志》的作者陈寿评价他"运筹演谋，鞭挞宇内……官方授材，各因其器，矫情任算，不念旧恶，终能总御皇机，克成洪业者，惟其明略最优也。抑可谓非常之人，超世之杰矣"。唐太宗李世民评价曹操："帝以雄武之姿，常艰难之运。栋梁之任，同乎曩时；匡正之功，异乎往代。"可见历史上的曹操是了不起的政治家、军事家。

曹操墓的发现与发掘

曹操墓的发现，要追溯到1998年时一方墓志的出土。当时安阳西高穴村一个农民烧砖取土，在山坡上用铁棍撬黄土时，发现一块方形的石头。石头上有字，他请人辨认，知道这是一块墓志。因为其中提到了"魏武帝"，于是这方墓志被送到安阳市考古队。

安阳市考古队队长孟宪武看了墓志，明确这方墓志是一个叫鲁潜的人的墓志。根据墓志志文，鲁潜是后赵时期的一名三品官员，卒于后赵建武十一年（345）。墓志提到"魏武帝陵西北角西行四十三步"，指明了鲁潜墓和"魏武帝陵"的位置关系。

鲁潜墓志拓片

虽然这方墓志中提到了"魏武帝陵",但当时相关机构并没有调查发掘。2006年,为配合南水北调工程建设,河南省文物考古研究所派出考古队到当地进行考古基建勘探。恰在这时,当地流出了几件文物,其中一块石牌上写着"魏武王常所用格虎大戟"。据说这些文物就出在鲁潜墓志出土地点东南方向的某个位置。有人在这里烧砖,取土过程中发现距地表十几米有一个黑洞,深不可测。那个黑洞就是盗墓贼在古墓顶部凿开的盗洞,从顶部一直可以下到墓里。

文物考古人员得知这一情况,实地勘察,顺盗洞下到墓底,发现这是一座规模超大、规格极高的砖室墓,墓室内许多地方有被翻动的痕迹,甚至还留有盗墓者留下的矿泉水瓶、方便面袋,可见这座墓在当代已经多次被盗。像这样的情况,如果不尽快保护和发掘，只怕难保大墓的文物和结构安全。故此，2008年，河南省考古机构对这座墓葬进行了发掘，由此也解开了历史上延续了1800年的秘密。

曹操墓的规制与出土文物

安阳高陵，又称曹操墓，位于河南省安阳市安阳县安丰乡西高穴村，占地面积约740平方米，始建于东汉建安二十五年（220）。这是一座多墓室的大型砖室墓。墓平面呈甲字形，坐西向东，斜坡墓道长39.5米，宽9.8米，最深处距地表约15米。墓室平面呈前宽后窄的梯形，东面最宽处宽22米，西面较窄处宽19.5米，东西长18米，墓圹面积接近400平方米。

墓圹有石门，石门外有三层封门砖封闭。墓室为砖室，分前、后两室，并均有南北两侧室。前室近方形，四角攒尖顶；南侧室平面为长方形，弧形券顶；北侧室平面也为长方形，四角攒尖顶。后室为四角攒尖顶，南北两侧室均为弧形券顶。墓室均青石铺地，四个侧室有石门封闭。

墓葬中发现一男二女三具人骨，分别葬在后室及其南北侧室。男性骨骼的年龄为60岁左右。两具女性遗骸的鉴定却有不同的认识，有人认为年纪大的为50岁左右，年纪轻的为20岁左右；有人认为年长者的真实年龄还有待于进一步鉴定，而年少者为17岁至18岁之间。研究认为，男性是墓主曹操，年长的女性是卞太后，年轻的女性是陪葬卞太后的侍妾，不过这个结论

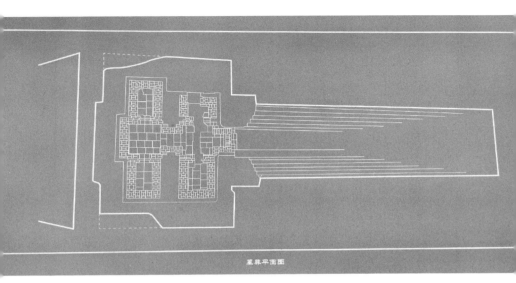

高陵的平面图

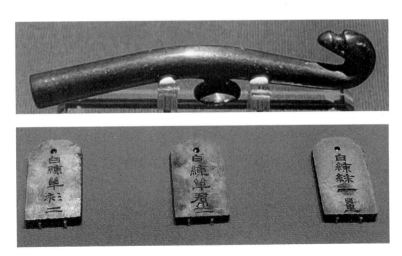

高陵出土的铜带钩与六边形石牌

还有争议。

安阳高陵虽多次被盗，出土的文物仍有900多件，其中可复原者250余件，包括青石圭、璧之类的礼器，铁甲、剑、镞、弩机等兵器，铜盖弓帽、伞帽、铃和煤精石虎雕等车马杂器；也有陶砚、石枕、铜带钩、银带扣、铺首、铁帐构件、镜等日常用具；还有玉珠、水晶珠、玛瑙珠、玉佩等装饰品，灶、耳杯、盘、壶、罐、托盘、盆等陶瓷器。墓中出有刻铭石牌59块。刻铭石牌一类为圭形，其上刻有"魏武王常所用挌虎大戟""魏武王常所用挌虎短矛"等铭文；另一类为六边形，其铭文内容为随葬物品的名称和数量，如"黄绫袍锦领袖一""丹绡襜襦一""镜台一""书案一""渠枕一"等。刻铭的字体绝大多数是汉隶，俗称"八分体"，字体规整，遒劲有力。

关于曹操墓的争论

关于曹操的陵墓，历史上传扬最多的，就是所谓的"七十二疑冢"。如南宋文人罗大经就在所著《鹤林玉露》的笔记中说："漳河上有七十二冢，相传云曹操冢也。"罗贯中在《三国演义》中说曹操临终前命人在彰德府（今安阳）讲武城外设疑冢七十二，使别人不知道他死后的葬身之地，以防他日被人盗墓。曹操疑冢之说经说书人渲染，在民间广为流传，甚至演变成绘声绘色的志怪故事。

被指认为曹操七十二疑冢的，是河北南部磁县，即古邺城或古相州西部的众多坟冢。不过考古发掘证明，这些坟冢是北朝时期东魏、北齐的贵族墓葬，包括一部分北朝皇陵。这些古墓原本都有圆形坟丘，部分坟丘甚至保存到了今天，想必宋明时代封土尚存的墓葬会更多，也因此产生了曹操疑冢的想象。

安阳西高穴村大墓的发现和发掘，明确了曹操陵的所在，但这个结论也受到质疑，有人说墓葬是假造的，鲁潜墓志是假的；有人说出土石牌写着简体字，是当代人的伪作；有人认为这座墓也是曹操的"疑冢"或陪葬墓；还有人质疑墓中女性骨骼的身份等等。

对于这些质疑，不少专家已经做了释疑，并申明了断定为曹操墓的理由。我不是三国时代的考古专家，但作为一个有过考古学训练的人，在现场看到墓葬的规模、用料，以及出土遗物，也不能不承认，定其为曹操墓是有根据的。具体而言，从墓葬的形制结构及出土的遗物来说，将其定为东汉晚期墓是毫无疑问的。该墓在东汉墓中规格最高，其长近40米的墓道、两个主室及四个侧室的墓葬形制、中轴线对称的"前朝后寝"的墓室布局，都不是一般官员所能享有的，墓主属于王一级人物无疑，东汉晚期封王的只有曹操。何况墓中出土的"魏武王常所用挌虎大戟"刻铭石牌，与曹操建安二十一年进爵为魏王相符；出土的慰项石枕上刻有"魏武王常所用慰项石"，反映出死者生前有头疾，而曹操正患有头疾。墓中没有出土豪华的随葬品，也与曹操"薄葬"的主张相符。曹操的遗嘱中要求"天下尚未安定，未得遵古也……敛以时服，无藏金玉珍宝"，从出土石牌上所记物品，可以真切地看到这一点。

现在，当地在陵墓之上已经建起了博物馆。进入墓室，观看那些厚重的砖石建筑，以及随葬的诸般器物，我似乎又同历史上的曹操相遇。那些锈迹斑斑的铠甲、铁刀和铁剑是他戎马一生的见证；而书案、陶砚的随葬，更证明了曹操的诗人、文学家的身份。考古发现就是如此奇妙！它可以帮助我们拂去1800年历史的尘土，重新认识一个有血有肉的曹操。

再访殷墟：百年考古，成果惊世

离开曹操墓，向南一二十公里，就到了安阳。安阳是商代晚期都城遗址殷墟的所在地，被誉为中华古都之首，又在2006年列入《世界文化遗产》名录，是我此行必访的地点之一。

其实我对安阳并不陌生。早在1983年，全国第一次古文字研讨会在安阳召开，那时我刚参加《中国大百科全书·考古学》的编辑工作，也来学习，但由于对古文字陌生，学术讨论听不懂多少，倒是对张政烺先生发言时讲解"高宗谅闇"时的神态记忆犹新。后来似乎是在2012年，随三联书店员工旅游，来到安阳，参观了殷墟博物馆，当时还是老馆，文物陈列偏少，内容也嫌单调。此次再来安阳，已经是第三次了，只不过目的不同。这次专为殷墟访古而来，加之新落成的殷墟博物馆无论在展陈文物数量、还是在主题布置方面都极有特色，所以参观考察下来，收获颇大。

殷墟考古的百年历程

殷墟的发现，其实始于一种被称为"龙骨"的中药材。早在19世纪末期，河南安阳小屯村一带的农民在整地时便不断发现甲骨，将其当作中药材"龙骨"使用。清光绪二十五年（1899），国子监祭酒王懿荣因通晓医术，在鹤年堂抓药时，买到这种"龙骨"，对上面的文字进行研究，首次发现甲骨文，并断定其为商代占卜用的甲骨。后来又有罗振玉的研究，明确甲骨出土地是在安阳小屯，认为这里就是殷墟，也就是商朝的国都。

殷墟甲骨文的发现意义深远。1928年，中央研究院历史语言研究所派董作宾在安阳小屯村进行试掘。1929年，历史语言研究所考古组组长李济到达安阳，主持殷墟的发掘工作。1930年，留学美国、受过专门考古发掘训练的梁思永也加入殷墟发掘。1936年发现编号为YH127的大型甲骨埋藏坑，一次出土刻辞甲骨1.6万余片。中研院史语所的发掘历经10年，在殷墟发现了宫殿宗庙建筑基址、王陵大墓、祭祀坑等遗迹，出土了大量甲骨、青铜器、玉器等，不过发掘后来因为日军侵入华北而中断。

新中国成立后，1950年，中国科学院考古研究所（今中国社会科学院考古研究所）恢复殷墟考古发掘工作，由郭宝钧主持发掘了著名的武官村大墓。1958年，中国科学院在安阳设立考古研究所安阳工作站，专门负责殷墟的田野勘探与发掘工作。此后的殷墟考古有许多重大发现，如1976年发掘的妇好墓；1991年发掘花园庄东地H3甲骨坑，出土的1583片甲骨中689片有刻辞，这些属于著名的"非王卜辞"；1999年发现的洹北商城；2000年发掘的亚长墓；2004年出土的马危墓；2022年洹北商城发现大型东西向道路，小屯宫殿宗庙区发现一处大型池苑遗迹；2023年12月，通报在安阳大坡遗址发现商代晚期家族墓地，其中三座大型墓都有南北双墓道，是殷墟外围地区首次发现的大型"中"字形墓葬。

殷墟的发现与发掘，有许多重大成果，更有深远的意义。概略地说，殷墟甲骨文的发现，导致"甲骨学"这一学科的形成；而殷墟的发掘，则是中国传统金石学与西方田野考古学相结合的产物，是中国近代考古学兴起的标志；殷墟宫殿区、王陵区的发掘，大批青铜器、玉器等珍贵文物的发现，引起了中外学术界的重视，确立了中国考古学的国际地位。尤应提到的是，1931年，梁思永在安阳后冈遗址发现了仰韶文化、龙山文化、商文化地层堆积的叠压关系，即后冈"三叠层"。这一发现第一次从地层学上确定了仰韶文化、龙山文化与商文化的相对年代关系，为中国考古学中地层学的形成奠定了基础。

近百年来，殷墟发掘工地已成为培养中国考古人才的摇篮。其中不仅有李济、董作宾、石璋如、梁思永、郭宝钧、夏鼐

1929年春殷墟第二次发掘工作人员照（坐者左一为李济、左二为裴文中，后排立者右二为董作宾）

1973年小屯南地甲骨整理（左起：王兆莹、郭振禄、夏鼐、刘金山、刘一曼）

等老一代考古学家，还有郑振香、唐际根、刘一曼等中国考古界的新一代精英和无数的考古学专业人才。

殷墟发掘的更大意义，是对20世纪初期以来中国历史研究中盛行的疑古之风作了正面回应，证实了商王朝的存在，从而使夏文化探索进入学术视野。

殷墟的重要遗迹与文物

现在所说的殷墟，由殷墟王陵遗址、殷墟宫殿宗庙遗址、洹北商城遗址等共同组成，大致分为宫殿区、王陵区、一般墓葬区、手工业作坊区、平民居住区和奴隶居住区，比上世纪发现时面积更为广大。

殷墟宫殿宗庙建筑遗址主要分布在安阳小屯村及其周围，经过近90年的发掘，共发现商代晚期大型建筑基址80余座。其中1937年由中研院史语所在小屯村北、东北等地发掘的54座宫殿建筑基址，分为甲、乙、丙三组，甲组基址位于宫殿区的北部，为"后寝"；乙组基址位于宫殿宗庙区的中部，规模宏大，布局严谨，是"前朝"。新中国成立后又有大量宫殿基址被发现。殷墟宫殿宗庙建筑遗址基本上都是四合院式建筑，规模宏大，基本上为"前朝后寝，左祖右社"的建筑格局。宫殿建筑筑于夯土台基上，有正方形、长方形和"凹"字形等几种，建筑形制为"茅茨土阶""四阿重屋"式。不过也有人认为这里不是宫殿区，因为面积太小，而且甲、乙、丙三组基址的朝向、年代都不一致，很

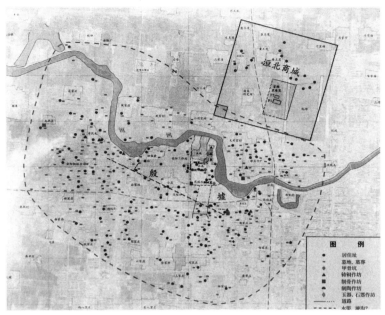

殷墟商代遗址分布图

可能只是配属于王陵区的宗庙祭祀遗址，而真正的宫殿遗址还要
继续寻找。

　　王陵遗址位于安阳市洹河北岸侯家庄与武官村北高地，东
西长约450米，南北宽约250米，这里已发现大墓及较大墓13座、
祭祀坑2500多个，已发掘大墓12座、祭祀坑1400多个。王陵区分
为东、西两区。西区为8座大墓；东区以祭祀坑为主，也有1座大
墓、4座较大墓。13座大墓或较大墓的地上均无封土，陵墓均为
坐北朝南，墓室口大底小，呈方斗型，墓道数量有四条、两条、

一条的不同，因而墓平面呈"亞"字形、"中"字形或"甲"字形。这些大墓、较大墓排列有序，分布密集，墓室绝无叠压现象，说明王陵区各墓的位置是按照相应规划安排的。

殷墟王陵盛行人牲与人殉，就是把人作为祭祀的牺牲和以人殉葬。殷墟王陵区祭祀坑排列集中而有规律，可分成若干组，每组有一排或几排坑，数量多者有数十个坑。根据埋葬内容，祭祀坑可分为人坑、动物坑和器物坑。同一组坑应属于同一祭祀活动所遗留。

洹北商城位于安阳市北郊、洹河北岸。城址呈方形，四周已确认有夯土城墙基槽，南北长2200米，东西宽2150米。总面积约4.7平方千米。宫殿宗庙区位于城址南北中轴线南段，宫殿区内已发现数十处夯土基址，规模最大的基址总面积达1.6万平方米，是中国已发现的面积最大的商代单体建筑基址。宫殿区的周围分布有大面积的居住址，西北部的居住址经过发掘，发现大量房屋、水井、窖穴遗迹。洹北商城的发现，改写了传统的"殷墟"概念。洹北商城的年代略早于传统意义的殷墟，学者们推测这一城址才是"盘庚迁殷"的都城，到了武丁的时候，才迁都到以小屯为中心的"殷墟"，所以它同殷墟时间上一前一后，但都属商代晚期都邑。

殷墟科学发掘近百年来，出土遗物种类繁多，数量极其可观，包括甲骨15万片、陶器数万件、青铜礼器约1500件、青铜兵器约3500件、玉器约2600件、石器6500件以上、骨器3万多件。

其中有些文物不仅工艺精美，而且具有极高的历史价值，比如后母戊鼎、司母辛鼎、妇好铜钺、偶方彝、三联甗、子组卜辞等。

在15万片以上的甲骨上，刻有4500多个不相重复的汉字，即甲骨文。甲骨文已经是比较成熟的文字，其中有世界最早的关于日食和月食的记录，有世界最早的医疗档案，有完整的十进位制数字系统，更有系统的商代诸王世系，证实了《史记》中关于商代诸王世系的记载，使商代历史成为信史。

殷墟出土的各种青铜器制作精美，纹饰细腻，是不可多得的艺术珍品，展示了商朝高度发达的冶炼技术。青铜器是商朝王族权力、财富、地位的象征。在殷墟王陵和其他墓葬中出土了很多成组的青铜器陪葬品，各种器具的搭配方式和数量标志着墓主人生前社会地位的高低。

除此之外，各种玉器、陶器、骨器以及石器的发现，都有助于我们了解商代晚期的经济状况、生产力水平和生活方式，为研究商代历史提供了丰富的实物资料。

在一般人的认知里，商代的王陵一定会有很多的珍宝。在殷墟发掘中，殷代的王陵是早期发掘的工作重点，1934年秋到1935年秋梁思永先生主持的殷墟第十次至第十二次发掘，就发掘了10座带墓道的殷商大墓、1座未完成的大墓及1000多座小墓，不过这些王陵基本上都已被盗。至于被盗的时间可就久远了！周武王伐商后，采取怀柔政策，推行"以殷制殷"，让纣王之子武庚居于旧地，同时设置"三监"，监督商朝遗民。武王一年后去世，其年幼的儿子即位为成王，周公旦摄政。此时武庚趁机勾连对此不满的姬姓贵族管叔、蔡叔等，发动叛乱。周公发动东征，诛杀武庚，将殷商遗民全部迁往成周居住。与此同时，周公令人对殷商王陵进行大规模破坏，挖开十多座王陵，取走随葬的青铜重器，还将墓主尸骸扰乱、棺椁拆毁，甚至埋下婴孩诅咒，"以绝殷祀"，从精神上彻底消灭殷商王朝。

由于以上原因，在殷商王陵中并没有出土多少有价值的文物，反而是在近几十年的发掘中，在一些中型墓葬中出土了许多随葬品，其中最有代表性的是妇好墓和亚长墓。

妇好墓：商王武丁配偶之墓

妇好墓位于殷墟宫殿宗庙区丙组基址西南，村民在平整土地时发现，1976年发掘，是殷墟科学发掘以来发现的唯一保存完整的商代王室成员墓葬。该墓南北长5.6米，东西宽4米，深7.5米。墓内有二层台和腰坑。东、西两壁各有一个长条形壁龛。葬具为木椁和木棺，椁长5米，宽3.4—3.6米，高1.3米。墓内殉人16个，其中4人在椁顶上部的填土中，2人在东壁龛中，1人在西壁龛中，1人在腰坑中，8人在椁内棺外。另外还殉狗6只。

妇好墓虽然规模不大，但保存完好，随葬品极为丰富，共出土青铜器、玉器、宝石器、象牙器等不同质地的器物1928件。

青铜器主要有妇好组的圆鼎、大型甗、簋、带盖方罍、带盖扁圆壶、偶方彝、方斝、三联甗、鸮尊、大型钺等；司母辛组的大方鼎、四足觥等。有铭文的铜礼器达190件，其中铸"妇好"铭文的共109件，占有铭文铜器的半数以上，且多大型重器和造型新颖别致的器物，如鸮尊、圈足觥造型美观，花纹繁缛。青铜武器有戈、钺、镞等，两件铸"妇好"铭文的大铜钺最令人瞩目，其中一件纹饰作两虎捕捉人头，形象生动。研究者认为，带"妇好"铭文的铜器是比较完整的礼器群；带"司母辛"铭文的铜礼器当是子辈为妇好所做的祭器；其他不同铭文的铜礼器大多是酒器，大型酒器配10觚、10爵，可能是贵族或方国奉献给这位赫赫有名的王后的祭器。

玉器类别比较多，有琮、璧、璜等礼器，戈、钺、矛等仪仗器，装饰类的玉器造型精美，图案线条流畅，是殷代玉器的精品。

出土的3件象牙杯两件成对，其中一件形状似觚，通体以双线阴刻繁缛精细的饕餮、夔龙、鸟等图案，其口、眼、眉、鼻以及身部镶嵌绿松石，图案周围刻以细纤的"回"纹作为衬托。杯的一侧安以鸟、夔龙图案的鋬（提梁），其目、喙、羽、爪、眉及身部也都镶嵌绿松石。另一件为带流虎鋬杯，高42厘米，直径10.6—11.2厘米，壁厚0.9厘米，是现存历史上最高的象牙杯。这三件象牙杯造型美观，雕琢精致，堪称瑰宝。

根据该墓的地层关系及大部分青铜器上的"妇好"铭文，考古学者认定墓主人为商王武丁的配偶——妇好。妇好墓是目前唯一能与甲骨文联系，断定年代、墓主身份的商王室成员墓葬。

根据甲骨文，妇好是商王武丁众多妻子中的一位。她曾多次率兵出征，立下赫赫战功。她受武丁的派遣，曾领兵讨伐北边的土方、东南的夷族、西方的巴人，为商王朝拓疆辟土立下汗马功劳。此外，妇好还主持过各种祭祀、占卜活动。因为她文武兼能，武丁对她宠爱有加，不仅授予她独立的封邑，还经常向鬼神祈祷，以保佑她健康长寿。她死后，被埋葬在宗庙区附近，是否也希望她在阴间继续守卫殷商宗庙呢？

亚长墓：殷代武将之墓

亚长墓的发掘是在盗墓贼的手底下抢出来的。2000年12月17日，村民何建功来到中国社会科学院考古研究所安阳工作站，向工作站负责人徐广德报告，说花园庄村东头可能存在盗墓活动。考古队立即赶到现场，发现麦田中有十几个盗洞，于是果断进行发掘，历时一个月，在春节前完成发掘工作。

亚长墓位于妇好墓东南500米，为长方形竖穴土坑墓，正南北向，墓底距地表7.16—7.38米，面积25.78平方米；墓底正中有腰坑，四周有熟土二层台，墓中有一棺一椁。该墓有15个殉人，其中椁室内6个，其他的在二层台上；另有殉狗15条。

墓中出土各类器物1458件，其中青铜器1146件，玉器222件，品类、规格仅次于身为王后的妇好。青铜礼器40件，以9套瓠、爵为核心，辅之以斝、尊、彝、觥、鼎、簋、罍、盂等，彰显亚长生前的尊贵地位。青铜兵器有1042件，其中131件铸有

"亚长"或"长"字铭文。形制大小以及精美程度上均不次于妇好墓的青铜钺有7件，是迄今所知出土青铜钺最多的殷墟墓葬。随葬这么多兵器，又有刻有"亚长"铭文的青铜钺，表明亚长的身份极为特殊，他既是亚族的族长，也是军事首领。

随葬的青铜牛尊是一种酒器，通长40厘米，带盖高22.5厘米，重7.1千克，其原型是商代未被驯服的野水牛。它身上的纹饰多达20多种，面部是凤鸟纹，腹部两侧是两只猛虎，尽显威猛。随葬青铜牛尊也反映出亚长的社会等级较高。

墓中随葬的铜手形器也十分特殊。这是一件人手形状的青铜器，长度约13.2厘米，手掌宽5.6厘米，手心稍微内凹，手背则微微弓起，五指弯曲，整个形状和比例完全与人手一致。手臂处为空心，似装有木柄。手的背面有单眼及类似半个兽面的花纹，做工非常精细。此器的用途有争议，有人认为是假肢，有人认为是仪仗器或某种特殊的工具。

根据体质人类学分析，墓主亚长是男性，年龄35岁左右，身高约1.7米。他的身体上共有7处刀砍伤或砍砸伤，其中6处在身体左侧的股骨、肱骨、肋骨之上。这些伤痕表明亚长在战斗中可能先伤及右侧，随后在战斗中暴露了左侧身体，遭到敌人的连续攻击而丧命。

甲骨文记载，长姓方国曾向商王进贡龟甲，说明长姓方国可能位于商王朝的南部。科技检测显示，亚长不是殷墟本地人，他之所以葬于殷墟，应该是因为他带领本族军队替商王打

殷墟妇好墓出土文物

嵌绿松石骨虎

鸟形骨刻刀

"妇好"铜方罍

殷墟亚长墓出土文物

自左至右：铜斗、铜罍、"亚长"铜方彝

带有北方文化特色的青铜刀

仗，战死疆场，故此商王为亚长举行了盛大的葬礼，将其葬在宫殿区附近，以表示对亚长的爱惜和对亚族的安抚。

殷墟反映的商代晚期历史与信仰

结合历史文献和出土文物，人们已经知道，商朝原本起源于黄河中下游的一个名为商族的部落，商国君主商汤在鸣条之战中灭夏，建立商朝。盘庚时期以前，商王室内部为争夺王位，内乱不止，因此多次迁都，盘庚"自奄迁于北蒙，曰殷"，也就是殷墟，从此到商代灭亡，再未迁都，而商代也因此被称为"殷商"。

盘庚二传至武丁。武丁是盘庚之弟小乙之子，即盘庚之

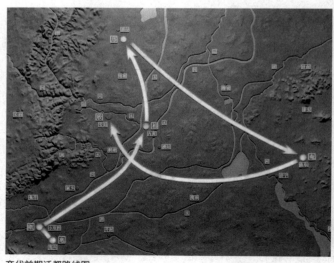

商代前期迁都路线图

侄，死后谥为高宗，所以又被称为殷高宗。武丁即位以后，励精图治，四出征伐，从甲骨文可知，他对鬼方、土方、羌方、人方、虎方等方国进行征讨，扩大了疆土。考古发掘中武丁时期的文化遗存相当丰富，宫殿、墓葬、作坊等遗存都有发现，著名的妇好和妇妌都是武丁的后妃。武丁开创的盛世局面，为商代晚期社会生产的发展乃至西周文明的繁盛，打下了很好的基础。但武丁以后诸王都没有什么建树，到纣王之时，在牧野之战中，被周武王击败自杀，商朝灭亡。

商朝的军事制度在甲骨卜辞中有较多的记载。卜辞表明，商王是最高军事统帅，有时亲自出征。王室妇女，如商王武丁的配偶妇好，也曾率军出征。高级军事领导职务由贵族大臣和方国首领担任，他们平时治民，战时领兵。甲骨文中常有"射""戍"等名号出现，可能表明当时军队成员已有不同的职守。

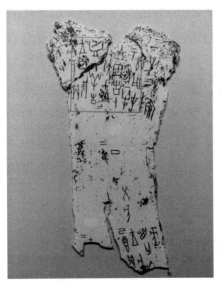

商王出征前祭祀祖先的卜骨（方框内文字为"癸亥贞，王其伐虚羊，告自大乙。上甲告十示又一牛"。）

也是依据甲骨资料，可知殷商时代信仰对象包含大自然的各方面，如河神、山神、日月星辰、地神等。但这些自然神属于低一级的神祇，商人心目中的最高阶神是"帝"。商人认为，"帝"的能力和权威凌驾于世间君王之上，是万物的主宰。商人问卜的对象有三大类，即天神、地祇、人鬼，其中权威最大的是"帝"。"帝"所具有的能力，第一是对自然气候的控制、农业生产的丰歉，第二是主宰人世间的祸福奖惩，第三是决定战争的胜负和政权的兴衰。商王出征前，往往要先向"帝"问卜战争的胜败，看看"帝若"，还是"帝不若"，也就是要看"帝"支持不支持、高兴不高兴。

殷墟是商代后期的都城，是当时的政治、经济、文化中心，殷都以外则是商王朝直接控制的王畿地区。考古资料表明，当时商王朝的王畿以外，分布着不少同姓和异姓诸侯及方国、部落。发达的殷墟文化，通过王畿地区对这些周边地区的诸侯、方国、部落产生了强烈影响。殷墟考古，用夏鼐先生的话说："殷墟不仅文物丰富，而且学术价值很高，它蕴藏的宝物，还远未罄竭。"在这个意义上，殷墟是商代的殷墟，也是中国的殷墟、世界的殷墟。

浚县访古：辛村卫国墓和隋唐黎阳仓

看罢安阳的诸般博物馆和古代遗迹，我驱车向南，目标是郑州，但路上我还要停留一站，这就是浚县。浚县属于鹤壁市，我之所以要到此地，不仅是由于张玉石兄推荐我去看这里的黎阳仓遗址，还由于我在大学时就读过《浚县辛村》这本由郭宝钧先生撰写的考古报告，牢牢记住了浚县这个地名。不过，实践证明我对这里还是缺乏了解，最直接的证据，是我连"浚县"的名字都没有读对。我一直以为，浚县的"浚"就读jùn，在路上看过路牌的读音，才知道应读xùn，这么多年，我都读错了！

浚县小史

浚县历史悠久。殷商时期，此地称黎，为殷商畿内之地。西周春秋时属卫国。西汉高祖时设黎阳县，是浚县设县之始。东晋永和七年（351），置黎阳郡，辖黎阳县。隋开皇三年（583），黎州、黎阳郡并废，黎阳县属卫州。开皇十六年复置黎州，辖黎阳县。大业二年（606），废黎州，黎阳县属汲郡。唐武德二年（619），置黎州总管府，辖殷、卫、澶、洹四州。贞观十七年（643），废黎州，黎阳县属卫州。北宋政和五年（1115）升通利郡为浚州，治所在浮丘山巅，辖黎阳县。金皇统八年（1148）改浚州为通州。天德三年（1151）复名浚州。明洪武三年（1370）四月，降州为县，始称浚县，沿袭至今。

历史上，黄河故道流经浚县。1800多年前，曹操为了军事上的需要，在浚县西南部"遏淇水入白沟"，从而使淇河脱离了黄河，流入它的故道白沟。曹操创修的白沟水运工程为后来隋炀帝开通永济渠（卫运河的前身，即卫河）打下了基础。

隋代永济渠修成后，浚县成为水陆交通枢纽，今天的浚县境内古代遗迹甚多，重要的如大伾山、浚县古城。大伾山虽然海拔只有135米，但因当年大禹曾经登临，被载入《尚书·禹贡》篇中，历来被称为"禹贡名山"。浚县古城是河南省唯一的县级国家历史文化名城，境内有名胜古迹300多处，至今仍保存有卫河大桥、城墙、钟鼓楼等多处古代建筑，与古城外的大伾山、浮丘山及隋唐大运河浚县段，共同构成"两架青山一溪水，十里城池半入山"的优美画卷。

辛村卫国墓：由小至大的发现

1932年秋，浚县辛村农民刘玉下雨时没事可干，在自家门口望着院子里的雨水犯愁。一个奇怪的现象引起了他的注意：雨下个不停，院子里的地面却相当干燥。然而，平时不下雨时，这片地面却异常潮湿。刘玉百思不得其解，便对这块奇怪的地方进行挖掘，结果发现地底下竟是一座大墓。墓里挖出大大小小的铜器有几十件，他将铜器卖给古董商，一夜暴富。后来刘玉的秘密被别人得知，于是整个村庄挖墓成风。此举又被土匪得知，杀入村庄，给辛村的民众带来灾难，也让刘玉一贫如洗。

考古学家得知此事，正在安阳殷墟进行考古发掘的河南籍考古学者郭宝钧等人，移师60公里来到辛村，在这里陆续清理了西周墓葬70余座，包括大型墓8座、中型墓11座、小型墓54座，以及车马坑28座。出土的青铜器有鼎、簋、爵、彝等礼器，戈、矛、戟、钩戟等兵器，斧、凿、削等生产工具，辖、轴、轭、衡、镳、当卢等车马器。还有生活类陶器、玉器、骨器、竹器等。铜器上的铭文说明这是卫国贵族的墓地，年代从康叔受封到卫国灭亡，约当公元前11世纪到前8世纪。这批墓葬的发掘为研究西周时期卫国的历史、葬制、车制及西周时代戈戟的演变等提供了重要的资料。但这批文物后被运至台湾，被称为"浚县彝器"。

辛村本属浚县，后来划归鹤壁市区。辛村墓地在2017年重启大规模考古发掘，遗址以辛村为中心，范围涉及淇河南北两岸多个村庄，包括庞村、刘庄等，面积近10平方公里。铸铜作坊、制骨作坊、普通居民点、平民墓地、卫侯公墓区等一系列重大发现，使这里由单纯的墓地，确认为具有都邑性质的超大型聚落遗址。

2021年开始的考古发掘，在辛村西南部发现半地穴式房子、窖藏坑、墓葬等遗迹，还发现商周时期墓葬17座，包含两座完整的铜器墓、1座玉器墓以及多座陶器墓。其中一座西周时期的中等贵族墓葬中发现包括铜鼎、簋、鬲、爵在内的11件青铜礼器，另有戈、矛等兵器以及铜削、玉器、仿铜陶礼器。墓主头向朝南，墓葬填土及腰坑各殉1条狗，二层台北端有2个幼年个体的殉人，另外还采用了猪、牛、羊三种动物祭祀。根据《周

庞村出土的西周铜器

有"白"字铭文的铜簋

兽面纹铜甗

铜爵

礼》，这属于"太牢"一级的祭品。另一座铜器墓被盗严重，仅出土一组仿铜陶礼器。根据墓道填土堆积及陶片，墓葬被盗时间大约为春秋中晚期。研究者认为可能与卫懿公好鹤失国有关，当时卫都东迁，戎狄进入该地区，曾进行大规模洗劫。

发掘者认为，辛村的早期堆积居葬一体，墓葬多有腰坑、殉狗，出土器物组合以鬲、簋、罐为主，具有浓厚的商代风格，应属殷遗民居住地。据《左传》记载，周灭商后，周公辅佐成王，分封建国，分给康叔"殷民七族：陶氏、施氏、繁氏、锜氏、樊氏、饥氏、终葵氏"，使这七族殷遗民成为卫国臣民。鹤壁辛村遗址的考古发掘成果由小到大、由近及远，再次印证了文献记载的史实。

黎阳仓：与大运河同命运的粮仓

黎阳仓是隋代著名粮仓之一，它的设置和使用对隋王朝的国运影响巨大。《隋书·食货志》记载："开皇三年，朝廷以京师仓廪尚虚，议为水旱之备，于是诏于蒲、陕、虢、熊、伊、洛、郑、怀、邵、卫、汴、许、汝等水次十三州，置募运米丁。又于卫州置黎阳仓，洛州置河阳仓，陕州置常平仓，华州置广通仓，转相灌注。漕关东及汾、晋之粟，以给京师。"这是黎阳仓建置之始。随后，由于南北运河的开通，黎阳仓成为隋炀帝经略东北边境的物资供给后方基地。

2011年，河南省文物考古机构对文献记载中黎阳仓的位置

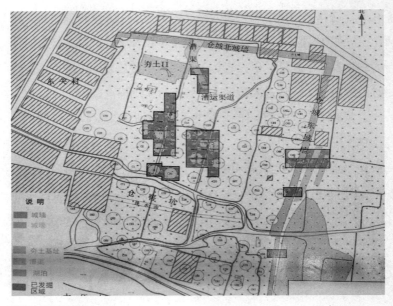

黎阳仓遗址平面图

地点进行了考古调查和勘探，确定浚县城关镇东关村前街东关囤上遗址就是黎阳仓遗址。2011年12月，开始了对黎阳仓遗址的考古发掘，发现了黎阳仓城城墙与护城壕、三座隋唐时期仓窖遗存、隋唐时期专用漕渠（南端），两处北宋时期大型建筑基址，以及不同时期的墓葬、灰坑、道路等。

黎阳仓城依山而建，平面近长方形，东西宽260米，南北残长300米，周长约1100米，仓城城墙为夯土筑成。在仓城北部中段发现一处漕运沟渠遗迹，南北向，口宽约8米，与仓窖的地层年代一致，渠的南端发现有砖砌残墙遗存。在沟渠西北侧，勘探出一东西长40米、南北宽25米的夯土台基。从仓城的总体布局推断，仓城的西北部应为粮仓漕运和管理机构位置所在。

目前已探明储粮仓窖84个，口大底小，皆为圆形；口径大小不一，小的约8米，大的约14米，大多在10米左右；窖底距现地表最浅约3.8米，最深约7米。已发掘清理的3座隋代仓窖直径均约8米，其中C6窖口直径约12米，窖口至窖底现深3.2米，窖口周围清理出12个圆形或长方形柱础遗迹；C18窖口至窖底深约2米，在已解剖的南半部窖口半周发现有5个方形柱础，窖底中心有中心柱础遗迹。

在遗址中部，于废弃的隋唐时期仓窖遗存之上发现一处具有大面积夯土基础的建筑遗存，清理出东西并列的两座大型建筑基址。建筑基址之上有大量的砖、瓦和吻兽等建筑材料，其中带"官"字印戳的板瓦块多达近百件，都具备北宋时期的特点。推断地面建筑的年代应属于北宋时期，为当时的黎阳仓地面库房建筑。

黎阳仓西濒大运河的永济渠，东临黄河，水运非常方便，它不仅是隋炀帝东征辽东时的粮食和军用物资供给基地，也是唐太宗李世民后来远征辽东时的大后方。黎阳仓等大型官仓，不单是粮食存储，也是维护国家稳定的法器，皇室消费、赏赐，尤其是百官俸禄和军粮储备，更是无一不与粮仓相关。隋代大型粮仓数量多，库藏量大，是任何一个封建王朝所无法相比的。据测算，黎阳仓的总储粮为1600多万公斤，可供8万人吃一年；而据《贞观政要》记载，隋代开皇时全国储存的粮食，足够870万户人口吃上50年。

考古发掘证实，黎阳仓的最后湮没与黎阳城圮于黄河洪水及黄河河道南迁有关。仓城东墙及护城壕内的淤泥层和淤沙层，清晰地反映出当时黄河洪水逼近黎阳仓、淹没黎阳城的情景，这是对黄河泛滥最直观、最确凿的地层记录。"因水而兴、因水而亡"，随着黄河泛滥改道，大运河失去往日荣光，黎阳仓也逐渐成为废墟。

黎阳仓城被发掘、确认之后，作为隋代运河漕运的历史见证，被列入大运河世界文化遗产，建立起保护公园。然而遗憾的是，现今的园区保护状况不好，遗迹保护设施大门紧锁，游人更是绝无仅有，我到此游观，不禁为之一叹！

郑州商城：东亚大帝国的都城

离开浚县，再南行170公里，就到了郑州。在郑州，我见到了十几年没有见面的老同学张玉石，还见到毕业后再没有见过面的我们大学实习时的带队老师张文军。文军老师在我们毕业不久后就调回河南，后来担任河南博物院院长，此次师友相见，分外高兴，也分外珍惜。

在郑州必须打卡的地方，是河南博物院和郑州商城遗址博物馆。我仔细看了省博物院的展陈，又在玉石兄的陪同下，沿着郑州商城的东墙，步行考察城墙遗址，之后参观了商城遗址博物馆。河南博物院主展馆的主体建筑以元代古观星台为原型演绎的"戴冠金字塔"的造型；郑州商城遗址博物馆用斜面、斜线元素突出建筑的磅礴大气，土黄色的建筑色彩与周围的黄土城垣协调融和，都给我留下深刻的印象。在郑州访古，当然以郑州商城为最重要，这里就介绍一下这座早商时期的东方大城。

郑州商城的发现和发掘

郑州商城发现得很早。1950年秋，郑州南学街小学教师韩维周在城东南二里岗一带散步时，路过一处建筑工地，捡到几块绳纹陶片和磨光石器。他推测这些陶片应是商代的东西，立即向省文化部门汇报，请求深入调查。这些陶片和石器引起文物部门的注意，河南省文管会及郑州市文教局决定以韩维周为首，进行全面调查。1952年秋，中央考古工作人员训练班在郑州二里岗作了实习性的发掘。1953年，为了配合基本建设，在文化部文物局裴文中处长的亲自领导下，河南省文管会派员开始发掘，并于同年成立文物工作组。随后几年，以安金槐先生为首的考古人员开始大规模调查和发掘工作。

调查中发现了两座古墓，在发掘古墓的时候发现夯土。考古队员寻找夯土的边缘，却漫无边际。安金槐先生觉得这可能是城墙，于是考古人员循此继续全方位寻找，不久便钻探出一个纵长方形、总长近7公里的商代城墙。之后的考古材料证实这里存在大型城垣，是一座前所未知的古城址，"郑州商城"由此被命名。

在后面的工作中，1973年在城墙内东北部发现商代二里岗的夯土建筑基址，后来又在郑州商城遗址西墙外杜岭一带和东南城角外侧发现青铜器窖藏坑。经过多年工作，对郑州商城的功能分布有了比较全面的了解。2023年在城址南部发现商代早期的水系遗存，填补了对郑州商城空间布局认知的空白。

郑州商城规模宏大，应是都城无疑。但是哪一处都城呢？1959年，郭沫若先生在考察完郑州商城考古工地后，提笔写下"郑州又是一殷墟，疑本仲丁之所都"的诗句，认为这里是仲丁所都的隞或嚣。安金槐先生则明确提出郑州商城是"仲丁迁于隞"的隞都，属商代中期。北京大学考古系教授邹衡先生却认为郑州商城应是商代第一位君王汤所建的亳都。现今学界公认郑州商城遗址是商汤灭夏之后所建的亳都，是商王朝开国第一都城，时代属商代早期。

郑州商城的规模和主要遗迹

郑州商城遗址由占地约3.25平方公里的都城遗址（包括三重城垣遗址、宫殿区遗址）和分布在城外的手工业作坊区、居民区、墓葬区遗址组成，总占地面积约25平方公里。城垣为夯土版筑，平面为长方形，北墙长约1692米，西墙长约1700米，南墙和东墙均为1870米，周长近7000米。西墙和北墙西段破坏较严重，残墙大部分被埋在地面以下；东墙和南墙的大部分还保留在地面上，城墙底宽20—30米，顶宽5米多，高约10米。

宫殿区遗址位于城内中部偏北偏东，这里有数十座夯土建筑基址。台基多呈长方形，均用红土和黄土夯筑而成，表面排列有整齐的柱穴，间距2米左右，柱穴底部大多有柱础石。有的台基表面有坚硬的"白灰面"或黄泥地坪。各种大中型夯土台基的总面积近40万平方米，大型基址的面积达2000余平方米，小型基址的面积100余平方米。宫殿基址附近的出土物有青铜簪、玉簪和玉片等。已发掘的10号房基南北长34米、东西宽10.2—10.6米，夯土地坪上保存有七排圆形柱洞，每排2—13个，其下为料礓石筑成的柱础，房基西壁还残存部分墙基；15

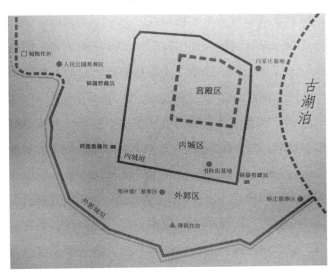

郑州商城遗址平面图

号房基东西长65米、南北宽13.5米，地坪面上有南北两排柱础槽，每排多达27个，槽中部有圆形木柱痕，槽底部有河卵石或红色砂岩的石柱础，柱础槽外侧还有小型擎柱，可以复原为重檐式、带回廊的大型宫殿。

在城内东南区域发现的沟渠均口大底小，一处在河道基础上加工而成，另外两处则是人工建成。已揭露的沟渠总长约540米，最宽处12米左右，最深处4米左右。在一处沟渠中发现了用于分流的石砌挡水设施，表明郑州商城的水网体系存在着复杂的功能设计。发掘表明，这些水系与北部池苑相连，不仅用于满足城市生产生活用水需求，还是城内景观用水。

手工作坊遗址位于商城遗址外围，在城北和城南发现铸铜作坊遗址，城北发现制骨遗址，城西发现制陶工场遗址，城东南发现酿造工场遗址。铸铜作坊内发现生产操作的地坪，出有大量坩埚残片、红烧土块、炼渣、木炭和数以千计的各种青铜器的铸范，显示了相当大的生产规模。

城北、城西、城东南都发现了商代早期的墓葬。内城南城墙北侧发掘的墓地，残存面积约1万平方米，南北两侧发现两条东西走向、平行延伸、间距约130米的壕沟，壕沟设有专门进出的通道。壕沟内的25座墓中有3座出土青铜器，其中2号墓出土随葬品包括青铜礼器、兵器20件，玉器11件，金器5件，另有贝币、绿松石管珠、镶嵌绿松石的牌饰等，加上出土的金覆面，印证了墓主人高等级贵族的身份。墓地中的6座墓疑似祭祀坑，另外16座无葬具和随葬器物，推测为陪葬墓。这种墓地布局方式为研究商代"兆域"的起源提供了新线索。

郑州商城的意义

郑州商城遗址不仅发现有城墙、宫殿夯土基址、手工作坊、墓葬、青铜器窖藏、祭祀遗址等一大批遗迹，更出土了青铜器、陶器、原始瓷器、玉器、石器、骨器、象牙器、习刻甲骨等大量遗物，为研究商代早期的历史与文化提供了丰富的资料。

郑州商城发现的青铜器不乏精美的重器，如杜岭方鼎和兽面纹提梁卣。前者又名乳丁纹青铜方鼎，1974年出土于河南郑州商城遗址杜岭窖藏，共两件。大的那件通高100厘米，口径横长62.5厘米，纵长61厘米，重86.4千克，口部和腹部略呈长方形，口沿外折，深腹，双耳四足，腹上部饰兽面纹，两侧及下部饰乳丁纹，底部由四个上粗下细的柱形足承托器身，形体质朴庄重，是已发现的商代前期青铜器中体积最大者。兽面纹提梁铜卣也出土于窖藏坑，通高50厘米，口径12厘米，圈足径16厘米，重10.4千克。其体态修长，做工精美，器身呈圆形，盖隆起，顶部有菌形钮；器身小口，鼓腹下垂，腹上部有一对半环形钮，上连一个两端为蛇首的提梁，提梁一侧有一链与盖钮相连，圜底，圈足较高。该器盖钮饰涡纹，盖面饰夔纹，器身由上至下为雷纹、夔纹、兽面纹、连珠纹等，极富特色。

郑州商城出土的原始瓷尊，是目前学术界普遍认同的我国

郑州商城出土文物

兽面纹铜斝

杜岭方鼎

原始瓷尊

兽面纹铜钺

最早的青瓷器。尽管还带有明显的原始性，但郑州商城原始瓷器的出土，毕竟将我国开始烧制瓷器的时间提前了1000多年，极大地开阔了学术研究的视野。

郑州商城始建于距今约3600年。商代早期，这里是中华民族早期文明时期的统治中心，是中国历史最早的都城遗址之一，在中国古代文明史中占有重要历史地位。郑州商城遗址的遗迹遗物基本反映出早商文明的完整形态，尤其是大量的王室青铜重器，集中展示了早商文明的发展高度，代表了中国早期文明在这一阶段的最高发展水平。郑州商代遗址三重城池和宫殿区的规制，奠定了中国城市发展的基础，为以后的历代都城所沿袭。

郑州商城遗址所展现的发展成就，显示出华夏文明已经走向成熟，文明形态已经逐步清晰。中华文明在商文明时期奠定了发展基础，商以后的各代文明中能看出对其强烈的传承关系。

在郑州商城的陶器以及甲骨上发现了"瓮""臣""鸟"等文字。研究者认为，商代前期，文字已经比较成熟，从商代前期到以甲骨文为代表的商代后期，汉字体系经历的只是丰富和不断发展完善的过程，这个过程一直延续到西周、春秋战国乃至秦汉。

最后提一句，在商代贵族墓葬出土的金覆面以及大量用金的现象也极有意味。现在人们对三星堆的金覆面等发现感到十分惊奇，郑州商城的出土品远远早于三星堆，因此也就为中国西南地区出现的黄金面具、黄金装饰的起源和文化风格等提供了新的参照物。

不过现阶段的郑州商城还有不少未解之谜，比如迄今为止没有发现商代早期的王陵，发现的文字材料也少；发现的几处窖藏坑，用途和意义仍不甚清楚；这一都城为何被放弃不很清楚，放弃之后内城便没有居住迹象，其原因为何也不清楚等等，值得进一步发掘与研究。

那深埋于地下的古都：北宋首都汴京访古

到了河南，开封是必去的，不仅是因为那些有名的开封小吃，更因为开封也是中国古都之一。早在战国时期，它就是魏国的都城，名为大梁。五代的梁、晋、汉、周和北宋，以及金代的后期均曾建都于此。北宋东京城又称汴京，是当时世界性的大都会。

我曾经读过《水浒传》中关于东京城上元夜热闹景象的描写，为之向往不已，后来又读过北宋孟元老所著的《东京梦华录》，对其中描写的宋徽宗时期汴京城的盛况有了更多的了解，20世纪90年代也曾到过开封，但那时匆匆一过，只看了铁塔。这次重来，是打算好好地观览一通的，然而遗憾的是，保存开封文物资料应该比较充分的开封博物馆不开放，所以我只好自己在城中寻找古迹，结合已有资料，对这座古城作一介绍。

北宋东京城平面图

北宋东京城的概貌

根据《东京梦华录》的记载，结合考古勘探，北宋东京城由皇城、内城、外城三部分组成。外城又称新城、罗城，是京师防御的第一道屏障，始建于后周显德三年（956），北宋时曾多次加以重修、增筑和扩展，有城门12座、水门6座。经考古勘探，外城位于今开封明清砖城外四周一两公里处，平面呈南北稍长、东西略短的长方形，周长计29180米，折合宋里50余里，与宋神宗重修都城"城周五十里百六十五步"基本吻合。外城墙皆埋于地下，一般在地表下3—5米，墙宽15—20米不等。西墙南段的试掘表明，外城墙系用夯土版筑而成，现存顶部宽4米、底部宽达34.2米、高8.7米。城墙外的护城壕宽约40米，距今地表深11米。外城建有马面和城壕。考古发现的5处瓮城有方形和马蹄形两种。

内城，又称里城、旧城，主要为商业和居民区，也是京师最繁华的地方，始建于唐代，北宋时屡有修补和增筑。金代末年定都开封期间，曾将内城进行扩展，形成现存明清城墙的基础。整个内城略呈正方形，城墙现淤埋于地下4米，墙宽8—15米，四周总长11550米，折合宋里20.63里。

宫城亦称"大内"，平面呈纵向长方形，东西墙约为690米，南北墙约为570米，与文献基本相符。内城城墙宽8—12米，有城门6座，城四角建有角楼，高数十丈。皇城正南门为宣德门，因门楼上雕有5只凤凰，又名五凤楼或丹凤楼，华丽异常，宋徽宗赵佶的《瑞鹤图》曾有描绘。现今在皇城前面发现两座门址，皆埋于地表以下约8米深处，其中之一应是宣德门的遗迹。

皇宫内的主要建筑物是大庆殿。考古工作者在今龙亭公园南边的石桥附近探明一座大殿基址，其平面呈凸字形，东西宽80米，南北最大进深60米，台基四壁均用青砖包砌，四周环有宽约10米、长近千米的包砌夯土廊庑，应该就是北宋皇宫的正殿大庆殿遗址。

北宋汴京城首次以开放式街巷取代封闭式的里坊制布局，

在中国城市建设发展史上起着承先启后的作用；对汴京城的勘探和发掘，则为研究古代黄河水患、桥梁建筑和开封的演变提供了重要依据。

北宋州桥遗址

北宋时期的汴京城位于南北大运河枢纽，城内有四条河道，分别是汴河、金水河、五丈河和蔡河。其中汴河东西横贯东京城，至扬州汇入长江，是北宋王朝的交通命脉。有河流当然就要有桥梁。据《东京梦华录》，汴河、蔡河、五丈河、金水河四河之上有30余座桥梁，今天经考古调查勘探能确定位置的，大致有州桥、龙津桥、相国寺桥、金明池中的仙桥等，已经发掘的则只有州桥。

州桥位于今开封市中山路与自由路十字路口南约50米，是北宋东京城御街与大运河（汴河段）交叉点上的标志性建筑，始建于唐代建中年间（780—783），后经五代、宋、金、元、明，至明末崇祯十五年（1642）被黄河泛滥后的泥沙淤埋。考古发掘始于2018年，现在还处于发掘状态，当地将工地建设为传统教育基地，开放给游客。经张玉石兄引荐，开封市文物干部李建新介绍开封文物考古研究院的考古队员彭子豪给我认识。彭子豪介绍说，通过考古发掘，推知该区域唐宋时期汴河宽度约为25—28米，河堤距地表深度为9.5—10米，河底最深处距地表深度为14.5米。

《清明上河图》中的桥梁

　　彭子豪告诉我，考古发掘结合文献资料，推测宋代州桥为柱梁平桥，桥下密排石柱。在州桥东侧的汴河河道南北两岸发现有巨幅石雕祥瑞壁画遗存，其上雕刻有海马、瑞兽、祥云等。石壁画中一匹海马和两只仙鹤构成一组图案，每组图案的长度约为7.5米，每幅石雕壁画推测共有4组图案（已完整揭露出来3组，另有1组被明代州桥雁翅所遮挡），根据石壁上的编码，推测每幅石雕壁画总长度约为30米。州桥石刻壁画是目前国内发现的北宋时期体量最大的石刻壁画，代表了北宋时期石作制度的最高规格和雕刻技术的最高水平，见证了北宋时期国家文化艺术的发展高度。

　　宋时的州桥现已不存，现存州桥为明代早期在宋代桥基的基础上建造的。该桥是一座砖石结构单孔拱桥，桥面南北跨度为25.4米，东西宽约30米，加上南北桥台东西两侧各展出的雁翅，东西总宽约50米。桥券用青砖券成，券脸用斧刃石砌筑，桥孔两侧金刚墙用青石条东西顺砌，桥孔横截面呈城门洞形状。州桥桥面上东侧有明代建筑，为护河神庙。

开封城中的文物遗存

经过北宋九帝的营建，到徽宗时，开封城市发展已极为繁荣。然而，经过北宋末年的"靖康之变"，汴梁迅速衰落，后来城内又屡遭黄河水患。千年之后，当年东京城的胜迹仅存铁塔和繁塔，其他如大相国寺、开封城墙、金明池等都是后来多次重建的。所以这里重点介绍一下这两座塔。

繁（音婆，当地人则读如薄）塔位于古城开封东南部，建于北宋开宝七年（974），原名兴慈塔，因建筑在繁台之上，得"繁塔"之名。塔初建时为9层，高约76米，是当时开封最高的塔，但在元明时毁坏，现仅剩三层，通高约36.68米。后人在大塔之上仿损毁的六层，建六级小塔，形成别有意趣的造型。该塔的内外壁嵌有六千多块、六十余种诸佛部、菩萨部、诸天部、明王部、罗汉部及历代高僧等精美的佛教图像砖雕，外部又以彩色涂绘，并写明佛号。每砖一佛，大多跏趺端坐，线条流畅、栩栩如生。该塔还存有碑刻187块，较全面地反映了北宋初期开封的书法水平，具有较高的研究价值。

铁塔位于开封城内东北角。此地古时称夷山，地势比较高，由于黄河多次泛滥，泥沙沉积，夷山成为平地。北齐天保十年（559）此处创建佛教寺院，名独居寺。北宋开宝三年（970）易名开宝寺。太平兴国七年（982），宋太宗命木工巧匠喻浩在开宝寺福圣院中设计修建一座八角十三层的木塔，八年后建成，高360尺，太宗赐名福胜塔，被誉为"京师之冠"。大中祥符六年（1013），宋真宗又赐名灵感塔。庆历四年（1044），灵感塔遭雷击，被火烧毁。皇祐元年（1049），仁宗下诏重建开宝寺塔。建造时设计出各种仿木结构的琉璃构件，这种琉璃件防水隔热，耐风雨侵蚀，既保持了木塔精巧秀丽的造型，又避免了易燃易腐的不足。重建后塔名仍称灵感塔，亦称上方寺塔、开宝寺塔，因塔的外表全部以褐色琉璃砖镶嵌，远看近似铁色，故俗称铁塔。

开封铁塔

这座琉璃塔依照原灵感塔式样，为八角十三层楼阁式，现高度为55.88米，是中国现存琉璃塔中最高大的一座。塔的内部是灰色砖，外部一律是褐色琉璃砖，砖上有佛像、罗汉、飞禽走兽图像，奇形异状，精巧美观，具有很高的艺术价值。

铁塔内有砖砌的塔心柱，柱的周围筑盘旋踏道，共168级台阶，使塔心柱和塔壁牢固地联系在一起，具有较强

开封铁塔的砖雕

的抗震性能。据说登塔到第五层可以看到城内景色，第七层可以看到城外平野和大堤，第九层能遥望黄河，第十二层时目力所及直接青霭，这就是著名的汴京八景之一"铁塔行云"。当然，今天的游客是不可能登上去的。

　　来到开封，我想起在金元时人刘祁所著的《归潜志》中看到的，金人为抵抗蒙古人，在宋汴京城内又修筑了一座小城。看资料，知道元明时的开封城墙就是在金代小城的基础上续修的，今天我们看到的开封城墙和城楼，是1997年修复的，其下叠压了金、元、明、清各代的城墙。历史的厚重，真是令人嗟叹！

新郑郑韩故城：春秋战国时代的两国之都

离开开封，我回头向西南，来到郑州以南的新郑市。按我原来的规划路线，是先到新郑，之后再去开封，但听从张玉石兄的建议，改为先去开封，再来新郑。之所以如此，是因为我下一站要去的舞阳贾湖，就在新郑的正南，可以少绕一点路。

到新郑，是为了看这里的郑韩故城遗址。这个遗址很多人并不很了解，其实是个很重要的古代都城遗址，举世闻名的青铜器莲鹤方壶就出土在这里。郑韩故城的历史颇为久远。西周幽王时期，遭受犬戎之乱，西周衰落，平王元年（前770）将国都东迁至洛阳，史称东周。封地本在陕西的郑国，也随着周王室东迁，在洛阳之东灭虢国、郐国，在此建都，为区别旧郑，取名新郑。公元前375年，战国七雄之一的韩国灭郑，迁都至新郑。直到前230年秦灭韩，郑韩两国先后在此建都达500余年之久。

与郑韩故城有关的史事

关于郑国和韩国，大家可能对韩国了解得多一些，其实郑国在春秋时期是十分活跃的国家，一部《左传》，有相当多的篇幅是讲郑国的。周幽王时，身为周王室司徒的郑桓公，看到西周行将灭亡，就在太史伯的建议下，借护送平王东迁之机，将整个封国迁移到东虢和郐之间，其后的郑武公和郑庄公相继为周平王卿士。

在春秋初年的历史上，郑国甚为活跃。郑庄公广开疆土，先伐卫，又与齐结盟伐翼、伐宋、侵陈，以小霸自居，激起周平王的不满。公元前719年，周平王驾崩，桓王即位，起用虢公忌父，取代郑庄公在朝之职。庄公不满，导致周郑关系恶化，最后闹到周王子狐与郑公子忽分别作为人质互相交换。这就是历史上说的"周郑交质"，标志周天子至高无上的地位已经摇摇欲坠。此后郑庄公派人割取温地的麦子，又取成周之禾，周郑关系进一步恶化。桓王十三年（前707），周桓王免去庄公在周朝廷中的司徒之职，又率领诸侯联军讨伐郑国，被郑国的祝聃射中肩膀，史称"射王中肩"。周天子被诸侯国的将领射伤，也是前所未有的耻辱。

公元前630年9月，晋、秦围郑，郑文公派大夫烛之武晚间从城墙上吊下去，到秦军营中见秦穆公，施离间计，令秦军退兵。三年后，秦穆公派军攻打郑国，到了滑国，遇上郑国商人弦高和奚施。弦高诈称奉郑君之命、用12头牛犒劳秦军，奚施则回国报告郑君。秦军知道郑国已有准备，只好回军。烛之武和弦高智退秦军成为千古佳话，烛之武劝说秦穆公 "如果您放弃围攻郑国、把它当作您东方道路上接待过客的主人，出使的人来来往往，郑国就可以随时款待他们"，其中的"东道主"，后来成为接待或宴客主人的代名词。

郑国的人物，不仅有名相子产不毁乡校，治国有方，使得郑国路不拾遗，夜不闭户；还有列子淡泊名利，写出《列子》这

春秋时期郑国形势图

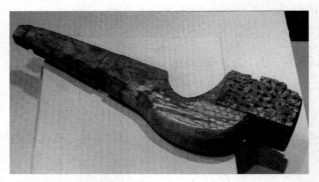

郑韩故城出土的春秋时期象牙车踵

一含义深刻、妙趣横生的不朽著作。孔子的经历也同郑国有些关系。当年，孔子在郑国与弟子走散，子贡到处找寻有人对他说，东门边有个人，"累累若丧家之狗"，大概是你要找的人。后来子贡把这话告诉孔子。孔子听了，欣然说："然哉！然哉！"

郑国的音乐新鲜活泼、热情奔放，具有广泛的群众性，很有特点，在当时被称为"郑声"。不过也由于这样的特色，郑国的音乐被称为"淫声"，反倒留下了恶名。

郑韩故城中许多有意思的故事后来演变为成语，比如多行不义必自毙、背后一箭、朝秦暮楚、买椟还珠、郑人买履等等。

郑韩故城的发现和发掘

郑韩故城的发现出于偶然。1923年8月，新郑退职军官李锐的家中打井。8月25日傍晚，挖到地下10米多深的时候，意外挖到了4件青铜器。李锐把其中3件卖给古董商人，同时命人昼夜不停，继续下挖，又得到不少器物。驻兵郑州的北洋陆军第14师师长靳存青认为钟鼎重器应归国有，要求李锐将所获交公，李锐答应了。靳便将前期出土的70多件铜鼎、铜鬲等物品运往郑州保存，并派官兵监护现场。到10月5日，挖掘到的青铜器、碎铜片、陶器和贝币已有1500多件，莲鹤方壶就在这批器物之中，它们被统一命名为"新郑彝器"。因为该村中唯有李家是二层楼房，被称为李家楼，所以发掘的古墓也就被称为李家楼大墓。后来，1966年5月，河南省文物考古研究所又派员到李家楼清理当年现场，认定该墓应是郑国一男性贵族墓，所以又称它为"郑公大墓"。

1927年7月，在河南省政府主席冯玉祥的倡议下，省政府在原古物保存所的基础上，组建河南博物馆，正是这批文物，奠定了河南博物馆事业发展的基础，正所谓"先有郑公大墓，后有河南博物馆"。当年李家楼出土的青铜器，如今被河南博物院、台北历史博物馆、中国历史博物馆、北京故宫博物院、深圳博物馆分藏，一对莲鹤方壶则分别收藏在北京故宫博物院和河南博物院。

郑韩故城的大规模调查和发掘，是新中国成立之后才开始的。1961年，郑韩故城被列为第一批全国重点文物保护单位。20世纪60年代，通过钻探普查，初步了解郑韩故城内的文化分布情况，发现了郑韩两国的宫殿宗庙基址、铸铁遗址、战国冷藏室遗址及多处夯土台基等，为郑韩故城的文物保护与发掘研究奠定了基础。此后在70—90年代，先后发掘了故城内的宫殿遗址、墓葬、手工作坊遗址、窖藏坑、车马坑等，出土大批珍贵文物。

进入21世纪后，考古工作者对郑韩故城北城门、南城墙、三号车马坑、双楼、天利等遗址和墓地进行了考古发掘，其他的主动性和抢救性的发掘包括战国时期韩国的大型官营制陶作坊、春秋战国时期冯庄私营制陶作坊、春秋战国时期的城门和瓮城、胡庄韩王陵等，出土了大量的青铜器、陶器、玉器、建筑材料等，对了解和研究春秋战国时期郑韩两国的生产力水平以及社会经济状态具有非常重要的意义。

郑韩故城的布局和重要发现

郑韩故城位于河南省新郑市城关附近的双洎河（古洧水）与黄水河（古溱水）交会处，两河呈东西环绕之势从故城两侧

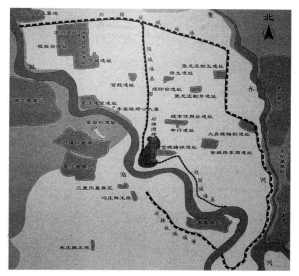

郑韩故城遗迹分布图

缓缓流过，既保证都城用水，又便于交通，同时也是自然防御屏障。也因二水的缘故，故城平面呈不规则三角形，俗称"四十五里牛角城"。修建于战国时期的隔城墙，将故城分为东西两城：西城为宫城，主要为政治中心，宫殿区和贵族府邸多在西城，这里有梳妆台等大型宫殿台基遗址；东城面积较大，属郭城，是当时的经济中心，分布着郑国贵族墓葬区、手工业作坊区、平民居住区、宗教礼仪性祭祀区等。研究表明，该城规模与陕西省咸阳市秦都区、楚国郢都相当。春秋战国时期，新郑居于列国中心地区，控扼四方，通达八衢，兼容列国先进文化，为中原政治、军事、经济、文化和最大的商业都会之一。

郑韩故城的城垣均是用土夯筑而成，城墙高一般为10米左右，最高可达16米、城墙基宽40—60米，顶宽2.5米，是世界同期保存最完整的古城垣之一，现在保留在地面上的城墙仍绵延20多公里。城墙下部为郑国城基，上部为韩国增高加宽部分，当年，郑韩两国处于中原中心地带，西有秦、晋，北有燕、赵，东有齐、鲁，南有陈、楚，群雄环伺，出于防卫目的，城墙修得又高又大。

郑韩故城内有不少十分重要的发现。20世纪90年代在金城路、城市信用社和中行遗址发现的时代接近、性质相同的三处祭祀遗址，有青铜礼乐器坑28座、出土郑国公室青铜礼乐器470件。中行遗址一次性出土206件编钟，同出土的还有7套已腐朽的木质钟架，实为20世纪中国音乐史上的空前发现。这些音乐文物的出土，对于研究春秋时期的编悬制度，郑国编钟的演奏方法、用钟性质、调音技术，以及编钟与郑声之间的关系、郑声的成就

祭祀坑埋藏情况

与影响等，都是十分难得的资料。

2017年，郑国3号车马坑初步发掘完毕，清理出4辆马车、90匹陪葬马匹，是郑韩故城内发掘出土的最大车马坑。这座车马坑位于郑韩故城东城内的郑国贵族墓地里，是春秋晚期郑国国君墓的专用车马陪葬坑。其中的1号车体量巨大，车长2.56米、宽1.66米，车舆顶部有防雨防晒设施，装饰奢华，车篷上有彩席遗痕，车舆顶部周边装饰着管状铜器、骨器。发掘显示，1号车和2号车南北并排，且陪葬马匹均呈侧卧式摆放，马骨上不见马具，证实了文献中关于郑国陪葬车实行"拆车葬"，即先把马杀死、并排放到车马坑底部，再把完整的车辆拆开、将零部件放在马匹尸体之上的记载是真实的。

对郑韩故城内发现并发掘的一处战国晚期至西汉初期的大型制陶遗址的研究，表明这里很可能是韩国官方制陶遗址，其规模和完好程度十分罕见。出土遗物表明，郑、韩两国的手工业在春秋战国时期的列国中占有相当重要的地位，尤其是郑国的青铜铸造和韩国的冶铁，在当时都是处于领先地位的，比如莲鹤方壶这样的精美器物就是产生于郑国。

郑韩故城还曾出土一件无字碑。此碑为灰色砂岩制成，全长3.25米、宽0.45米、厚0.25米，整体呈圭形，上半身两边有耳，下半部中间有一穿孔，正反两面上部磨光。此碑是在郑韩故城宫殿区内发现的，形制极为特别，有人称其为碑，但其功能和命名还有待深入探讨。

郑韩故城出土文物

龙耳虎足方壶

成对蟠龙纹铜方壶

蟠龙纹钮钟（20件）和夔龙纹镈钟（4件）

那笛声悠扬的远古村庄：访舞阳贾湖遗址

结束了郑韩故城博物馆和遗址的探访，我驱车南下，直奔舞阳县的贾湖遗址。贾湖遗址在1986年发现了8000年前的骨笛，后来被确定为中国百年考古百大发现之一，我对之一直向往不已，但始终没有机会一睹真容，这次河南访古之行，就把这里作为必到的遗址来安排。

由新郑到舞阳有一段高速公路，总里程也就150多公里，所以我朝发新郑，只用了不到两个小时，就已经站在贾湖遗址博物馆的门口，开始了对这个遗址的探访。

贾湖遗址的发现和发掘

贾湖遗址其实发现得比较早。1961年，当地文物干部就在这一带进行过勘察，发现人骨和红烧土，还在红烧土上发现有稻壳印痕。但当时没有发掘，后来，1975年8月，舞阳县境内出现水灾，修筑护村堤时，遗址中部文化层遭到破坏。1978年秋，贾湖村民再次加筑护村堤，再次使文化层受到破坏。

1980年，河南省博物馆派员到舞阳调查，确认贾湖遗址为新石器时代早期文化遗存。三年后，河南省文物研究所在贾湖试掘。此后到2001年，河南省文物部门先后进行了7次科学发掘，揭露面积2600多平方米，发现房址、窖穴、陶窑、墓葬、兽坑、壕沟等各种遗迹近千处，陶、石、骨器等各种质料的遗物数千件。

2013年9—12月，河南省文物考古研究院与中国科技大学科技史与科技考古系合作，在舞阳县博物馆的配合下，对贾湖遗址进行了第八次发掘，清理墓葬97座，还有房址、灰坑、兽坑等遗迹，出土陶、石、骨、角、牙等器物600余件及大量陶片和动植物遗存。10年后，又于2023年开始第九次考古发掘。

贾湖遗址的发掘成果，表明此处是中国新石器时代前期的重要遗址，C14、热释光测年结果显示其距今约9000－7500年，是淮河流域迄今所知年代最早的新石器时代文化遗存。贾湖遗址的发掘，提供了黄河中游至淮河中下游之间新石器文化关系的连接点，再现了淮河上游八九千年前的辉煌文化，完整展示了9000至7500年前人类从狩猎采集向稳定农业生产过渡时期的物质和精神文化的最高成就。以该遗址为代表的贾湖文化是中国新石器时代早期的重要文化类型，属于裴李岗文化的主要源头，年代范围为公元前7000—前5800年，主要分布在淮河上游的支流沙河和洪河流域，最北可达颍河、汝河流域。

贾湖遗址的遗迹遗物

贾湖遗址总体近圆形，总面积达5.5万平方米，文化层厚1—1.5米。遗址中共清理出房址45座、陶窑9座、灰坑370座、墓葬249座、瓮棺葬32座、埋狗坑10座，以及壕沟、柱洞等遗迹现象。

贾湖遗址的墓葬比较简单，大体可分为一次葬、二次葬、一次葬与二次葬的合葬和迁出墓四大类。绝大部分为长方形竖穴土坑墓，墓壁垂直或口稍大于底。墓向以西为主，次为西南，少量西北，所有墓葬均未见葬具。墓中有随葬品的现象比较普遍，随葬物大多为生活实用品，男性随葬品多为石铲、石

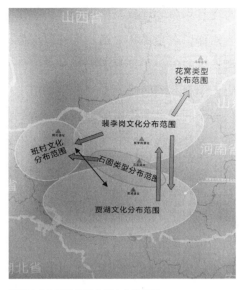

贾湖文化与周边区域古代文化的关系

斧、骨镖、骨镞等，女性随葬品以骨针、纺轮、磨盘较多。有的随葬品成组出现，如龟甲、骨笛、叉形器成组出现的墓葬有20多座。这样的墓一般较大，随葬品较丰富，包括一墓二笛、鼎罐壶组合、成组龟甲、玉殓葬等体现礼乐文化萌芽的现象。

　　贾湖遗址发展中期开始出现排列有序的公共墓地，表明阴阳两界的观念已经形成。同时还实行成年人和婴儿分葬的埋葬制度，即婴儿不进入公共墓地。这类葬俗在黄河流域的仰韶文化中比较常见，应是祖先崇拜和灵魂崇拜观念的反映。

　　房址大多为椭圆形，结构以半地穴式为主，多为单间，有少量依次扩建的多间房。房址内有灶台、柱洞等。有的房址

有奠基用龟的现象。窑址较小，有窑室、火门、烟道和烟孔，有的保留有窑箅和火道。有的房屋似已具备特殊功能，如2013年发掘的F5就可能具有祭祀神庙的性质：它的位置并不在聚落中，而在墓葬区中间；其居住面填土均匀坚硬，与一般房址居住面不同；其房屋中间存在非正常死亡的墓葬，随葬了包括骨笛、象牙雕板、成套龟甲等高等级随葬品。此外，这座房址有两个时期的居住面，在下层居住面下还厚葬了两个非正常死亡者，这种现象说明此建筑的使用具有延续性，当时的居民很有可能长期在此进行祭祀活动。

出土的遗物主要包括陶制品、石制品、骨角牙制品及动物遗骸、植物果核等。陶制品以红陶为主，有炊器釜、鼎、甑，食器钵、三足钵、碗，盛器缸、双耳壶、罐、盆及渔猎工具弹丸、网坠、陶锉、纺轮等。石器包括加工工具石砧、石钻、石锤等，生产工具和生活用具舌形石铲、齿刃石镰、石斧、石刀、石磨盘、石磨棒、石矛等。装饰品有石环、柄形饰、管形石饰、各种坠饰、穿孔石器等，大多打磨精、石质美，坠饰多为绿松石。骨角牙制品包括狩猎、捕捞、纺织、生活及宗教用品，主要有骨镞、骨镖、骨矛、骨匕、骨锥、角锥、牙锥、骨针、骨刀、叉形器、骨笛等。其中叉形骨器仅见于贾湖遗址，多与龟甲、骨笛同出，可能是一种宗教仪式上的道具。动物遗骸有20多种，既有飞禽，也有走兽。植物果核主要有炭化的人工栽培稻、野生稻、栎果、野胡桃、野菱、野大豆等。

贾湖遗址的重要发现

贾湖遗址先后发掘逾3000平方米，有许多重大的发现。举其要者，可有以下几点。

贾湖遗址共发掘出近50支骨笛，这是世界上迄今为止发现最早、保存最完整的管乐器。骨笛系用鹤的尺骨制作而成，长度在17.3—24.6厘米，直径在0.9—1.72厘米间，制作规范，形制固定。骨笛有二孔、五孔、六孔、七孔和八孔笛，经中央民族乐团的音乐家测试，已具七声音阶，能完整吹奏现代乐曲。在此发现之前，人们普遍认为中国先秦时期才有五声音阶，所以这个发现改写了中国音乐的历史。至于这些骨笛的作用，有人认为是为了模仿鹤鸣、吸引猎物，也有人认为是为了向上天祈愿、诉说心声，当然也不排除具有综合的功能。

贾湖遗址发现17例契刻符号，分别刻在甲、骨、石、陶器上，其中龟甲上有刻符9例。龟甲上所显示的契刻符号，形成年代比安阳殷墟的甲骨卜辞早四千多年，比半坡文化的陶器刻划符号和大汶口文化陶器上的符号早两千年。据专家研究，这些刻符有横、点、竖、撇、捺、横折等笔画，书写特点也是先横后竖、先左后右、先上后下、先里后外，与汉字基本结构相一致。有些符号与商代甲骨文相似，如形似眼目的"目"、太阳纹等。甲骨契刻符号多出现在用于随葬的带孔龟甲甲板上，为探索中国文字的起源提供了实物资料。

贾湖遗址发现了大量的陶制三足鼎形器物，包括罐形鼎、

贾湖遗址出土文物

折肩罐

叉形骨器

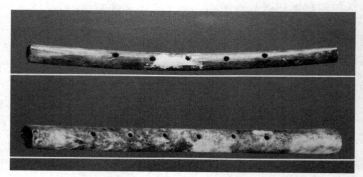

骨笛

盆形鼎、钵形鼎等。这是世界最早的鼎形器，不仅满足日常生活所需，还具备了一定的祭祀属性。这里是中国"鼎文化"的源头，对后世产生了深远影响。

贾湖遗址出土了大量的猪骨骼。动物考古学者从猪的年龄、齿列扭曲程度等方面研究考证，这些猪骨带有明显的人类饲养迹象，表明贾湖先民已经开始驯养家猪。这是迄今为止国内最早的驯化猪，意味着贾湖可能是东亚家猪起源地之一。

贾湖遗址还发现了炭化稻米。对其中部分炭化稻米进行形态学分析，发现其中80%以上和野生稻有明显区别。专家分析，贾湖古稻属于人工培育的原始栽培稻，虽然整体规模并不是很大，但稻作农业已经出现。从贾湖遗址出土的翻土用的石铲、收割用的石镰、加工用的石磨盘和石磨棒等农业工具来看，当时已经有了从耕种到收获、再到谷物加工的一整套生产过程。

此外，从贾湖的遗迹遗物分析，贾湖不仅是世界最早的酿酒地之一，还是世界最早的鱼类人工养殖地，另外还有世界最早的绿松石装饰物，并已经有了原始的宗教信仰，故此这里被学者誉为"人类从蒙昧迈向文明的第一道门槛"。

对贾湖遗址人骨的体质人类学研究表明，贾湖居民的体质特征与蒙古人种东亚类型比较接近，同中原地区古代居民有较为密切的亲缘关系。七八千年前，贾湖地区处于温暖湿润的亚热带气候环境，物产丰富，聪明勇敢的贾湖人制造出得心应手的工具，在渔猎采摘同时，发展起初级的农业和养殖业，以此为基础，贾湖先民构建起多彩的精神文化。以贾湖骨笛为先声，出现了初级的"礼"与"乐"，二者相辅相成，并在以后发扬光大。在这个意义上，可以说贾湖在中华礼乐文明发展史上具有源头性的重要地位。

看完贾湖遗址博物馆的展陈，我回头再看这座博物馆本身，其一座座别致的圆形建筑错落有致，并以廊道相连，恰似一朵朵迸溅的水花。此时我仿佛又置身于馆内，欣赏着那些精巧的骨笛，耳旁响起悠扬的笛声。这笛声跨越了七八千年的岁月，因此格外悠远、低回，动人心弦。

仰韶村遗址：中国考古学的诞生地

结束了舞阳贾湖遗址的寻访，我驱车向西北，经平顶山，来到洛阳。2023年11月底，我曾经带家人来过洛阳，实地考察了二里头遗址、龙门石窟等遗址和地上文物，但由于时间仓促，没有去偃师商城。这次取道洛阳入陕，就是专门为偃师商城而来。却不料到达偃师商城时，面前是一个大工地，大概是正在建设以偃师商城为中心的遗址公园吧？如此我就看不成什么了，也不知道偃师商城的出土物存放在哪里，只好快快地离开，转而去往下一个目的地——渑池县仰韶遗址。

仰韶遗址是现代中国考古学诞生的地方，也是考古学后进需要叩拜的圣地。我很早就有来此访问之心，这次到河南访古，自然就把这里作为必到的一站。来到仰韶遗址博物馆，实地体察其周边环境，对考古界前辈的科学精神和重要发现就有了更深刻的认识。本篇访古记中，我就谈一谈仰韶遗址的发现及其重大意义。

仰韶遗址的发现和发掘

仰韶村遗址位于河南省渑池县仰韶乡境内，坐落在饮牛河西岸、仰韶村南、寺沟村北的台地上，地势北高南低，呈缓坡状。遗址东西两侧各有深沟，向北可达韶山。仰韶村之名即取仰望、崇敬韶山之义。

仰韶遗址的发现始于中国地质调查所顾问、瑞典地质学家安特生（1874—1960）。1920年，安特生派助手、地质调查所采集员刘长山到河南采集动物化石。刘长山在渑池县仰韶村采集动物化石时，从农民手中收购了一些石器，又实地调查村南的石器出土地点，采集了部分器物。他将收购和采集到的石器、陶器集中起来，运到北京的地质调查所。安特生看到后，推断仰韶村可能是一处新石器时代的遗址。

1921年4月18日，安特生在取得了中国政府同意后，亲自来到渑池县仰韶村调查。他在仰韶村住了8天，每天忙于观测、照相、搜集器物。回到北京后，安特生对此次收集的器物又进行了详细研究，感到仰韶村古文化遗址相当重要，有必要进行一次科学考古发掘。他向当时的农商部部长张国淦和地质调查所负责人丁文江、翁文灏递交了请示报告。得到中国政府的正式批准和河南省政府、渑池县政府的同意和支持后，1921年10月底至1922年2月初，安特生和中国学者袁复礼等考古人员，对仰韶村遗址进行第一次发掘，共开挖发掘点17处，获得丰富的文物资料，首次证实中国在阶级社会之前存在着较为发达的新石器时代。

新中国成立后，1951年，中国科学院考古研究所河南省调查团夏鼐等专家学者对仰韶村遗址进行第二次发掘。20世纪80年代，河南省文物研究所、渑池县文化馆联合对仰韶村遗址进行第三次发掘。2020年8月22日，仰韶村遗址启动第四次考古发掘。这次发掘中，发现了仰韶晚期大型房屋基址和人工壕沟，这是一百多年来该遗址首次发现大型房屋建筑。

仰韶文化和中华民族、华夏文明从何而来，是20世纪中国学术界尤其是考古界长期纠缠的大问题。在仰韶文化及其他史

安特生与他在中国从事古物调查的政府批文

前文化的形成、发展、演变以及源流谱系的研究中，仰韶遗址一直是关键性枢纽。

仰韶遗址与仰韶文化

1921年仰韶村遗址的第一次考古发掘，标志着中国现代考古学的诞生。于此发现并命名的中国第一支考古学文化——仰韶文化，在中国考古学史上和仰韶文化研究史上占据着极其重要的地位。

仰韶文化的居民使用石器作为生产工具，以纺轮、骨锥和骨针等纺织和缝纫。生活用具主要是陶器，以红陶为主，灰褐陶次之。器物种类有陶鼎、钵、盆、罐、壶、碗、瓮，以及汲水盛水工具小口尖底瓶等。在红陶器物表面或口沿，绘有精美花纹图案，故称"彩陶"。彩陶花纹图案有弧边三角纹、宽带纹、网状纹、菱形纹、圆点纹以及相互掺和的几何形纹等。

在仰韶文化时期，原始农业已成为当时重要的经济生产部门和生活来源，渔猎和采集仍是辅助性的生产活动。由于农业的发展，人们过着定居生活，农业村落普遍有所发展。农业的发展，也推动着养畜和手工业的兴起和发展，社会经济出现早期的繁荣，精神文化也得到一定的提升，社会财富有一定的积累，埋葬制度的变化显示当时的氏族制度也开始发生变革。

仰韶文化作为中国最早命名的新石器时代最重要的考古文化，分布于黄河中下游地区及其边缘地区，大约处于北纬

仰韶文化器物

彩陶钵

人面壶

陶釜灶

动物形鼎

32—41度、东经106—114度之间。它上承新石器时代早期的文化，又被龙山文化取代，年代在公元前5000—前3000年左右，延续时间约2000年。在中国考古学史上，仰韶文化的地位十分显赫，影响十分久远。目前全国发现的仰韶文化遗址共5000多处，分布在陕西、河南、山西、甘肃、河北、内蒙古、湖北、青海、宁夏9个省区。不仅如此，在黄河下游的大汶口文化、长江中游地区的大溪文化和西辽河流域的红山文化中，也都能看到仰韶文化因素的影响。

由于仰韶文化内涵丰富，分布地域辽阔，在不同时期、不同地区文化差异很大，故此被分为早中晚三期，又被划分成不同的文化类型。比如在关中豫西晋南区有半坡类型、史家类型、庙底沟类型及西王村类型等，在甘青区有史家类型、庙底沟类型、石岭下类型，在豫中区有后岗类型、庙底沟类型、秦王寨类型等，在豫北冀中南区有后岗类型、钓鱼台类型、大司空村类型等，在豫西南鄂西北区有下王岗类型、八里岗类型、赵湾类型等，在陕晋冀蒙长城区有王墓山类型、海生不浪类型等。实际上，在区域性的文化遗存研究中，现在已经很少使用仰韶文化的名称，这一名词已成为描述前5000—前3000年的史前时代的代称。

就仰韶文化本身的研究而言，其调查发现阶段（1921—1931），是中国现代考古学的诞生时期，中外学者在田野调查和发掘中，取得了许多成功经验，但也走了一些弯路，有一些

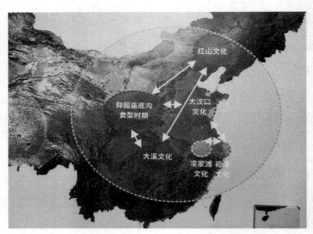

仰韶文化与周边地区文化的联系

失误。安特生对仰韶文化性质的判定，确立了中国新石器时代的存在，但他受时代局限，认为仰韶文化的彩陶是从西方传来的，从而得出了"中国文化西来"的结论。

新中国成立后，仰韶文化的研究取得了前所未有的成果，不仅发掘遗址众多，综合研究也日新月异。其中苏秉琦先生通过区系类型方法，把对仰韶文化的认识提高到一个新阶段。他认为早期中国各大地域都有自己的文化演变的源流谱系和文明火花，有些还相当精彩，因此提出文明起源的"满天星斗说"，对传统的中原大一统观念形成极大冲击。严文明先生则发现中国早期文化中多样性中有统一性，总结出中华民族与中国文明的多元一体形成模式，即所谓"重瓣花朵模式"。他认为，仰韶文化周边的地域性文化虽然精彩，但实际上仰韶文化仍是重瓣花朵中的花心，对仰韶文化中心区域的研究仍是破解中华文明起源之谜的核心。

仰韶遗址的意义

仰韶村遗址的发现与发掘意义深远。它第一次宣告了中国存在着丰富的新石器时代文化遗存，证实了中国在王朝社会之前存在着较为发达的新石器时代，破除了"中国无石器时代"的说法。仰韶文化成为中国考古史上第一个被正式命名的远古文化体系，标志着中国史前考古学及中国现代考古学的诞生，开始了中国现代考古学的新纪元，为后来发现并被命名的其他新石器时代文化奠定了基础。

仰韶文化的发现对当时中国古史的研究影响极大。中国史前史研究从此有了可靠的实物依据，学术界基此建立起新型的古史研究系统。仰韶文化遗址的众多发现，为重建古史、探寻中华文明的源头提供了丰富材料，仰韶文化的研究对于研究中华文明史有重大意义，用苏秉琦先生的话说，仰韶文化"是中国国家起源史和中华民族起源史这座大厦中的一根擎梁柱"。这方面的影响，不仅是中国性的，也是世界性的。

仰韶遗址的发掘，最早在考古工作中运用地质学的测绘手段，注重地层学和类型学的运用，开创了用类型学来确定遗存的时间和空间的理论方法，还提倡多学科合作研究，这些良好的开端，后来成为中国考古学的研究传统。

我来到仰韶遗址时，仰韶遗址的发掘已经过去100多年了。今天，当地集遗址保护展示、考古体验、观光休闲等功能于一体的仰韶国家考古遗址公园已经向公众开放，公园门口，有安特生、袁复礼、夏鼐、安志敏等学者的雕像。这也是在肯定安特生的发现之功，毕竟是他第一个重视并动手发掘了仰韶遗址。过去把他的发掘说成"文化侵略"，还认为他的研究"包藏祸心"，对他是不公平的。限于当时的发现，他提出"彩陶文化西来说"，是学术认识上的问题，不应该由此抹杀他的功绩。

河南安阳殷墟妇好墓出土的商代"妇好"铜鼎

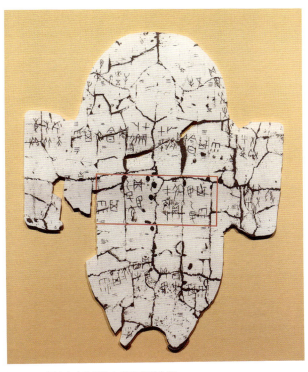

河南安阳殷墟出土的刻有卜辞的商代卜甲

河南安阳殷墟亚长墓出土的商代"亚长"牛尊

河南安阳西高穴村曹操墓出土的"魏武王常用挌虎大戟"圭形石牌

河北邺城北吴庄窖藏出土的东魏时期佛像残躯

穿行在陕西腹地

完成了仰韶遗址的考察，实际上也就结束了河南的访古之行。渑池已经是河南的西部，由于我在山西之行中已经顺路到过三门峡市，看过了那里的庙底沟遗址和上村岭虢国墓地，所以我下一步的目的地就是陕西了。

由河南沿东流黄河入陕西，需经过两个著名的关口，这就是潼关和函谷关。在2021年的时候，我从运城到三门峡，曾从函谷关经过。函谷关据说是老子著述《道德经》的灵谷圣地，算是道家文化的发祥地，不过历史上此关口更是古代西去长安、东达洛阳的咽喉，是千百年的战略要塞。尽管函谷关是史上有名的关口，也有诸如紫气东来、鸡鸣函谷等古迹，但其遗迹大多是后来修建的，我的兴趣不大，所以这次没有在函谷关停留，而是由渑池直接沿黄河南岸逆流而上，来到潼关。

潼关位于陕西省渭南市潼关县北，北临黄河，南踞山腰，是关中的东大门。因为潼关地处黄河渡口，位居晋、陕、豫三省交界，扼长安至洛阳驿道的要冲，是进出三秦之锁钥，所以成为汉末以来东入中原和西进关中、西域的必经之地及关防要隘，历来为兵家必争之地，素有"畿内首险""四镇咽喉""百二重关"之誉，历代统治者为了巩固自己的统治地位，都在这里驻屯重兵，设关把守。潼关的关险，经宋、明以来多次修葺，保存尚好。我在潼关小住，游览潼关古城、循黄河古渡北望风陵渡，遥想几千年来围绕潼关发生的影响历史的大事，又看到而今山坡之上开发的房地产因为没有游客而大片空置，想起贾谊的《过秦论》，想起杜牧《阿房宫赋》中的"秦人不暇自哀，而后人哀之；后人哀之而不鉴之，亦使后人而复哀后人也"，心中感慨良多。

潼关其实已经是陕西了，不过我此次陕西之行，重点是要看西安周围的秦汉遗迹以及宝鸡附近的周秦遗迹，尤其是宝鸡地区，是我长久想去而未能到达的地区，心中的期望更大。由西安经乾县到宝鸡，是古代遗迹十分丰富的线路，也是在陕西的腹地穿行了一趟。

西安半坡遗址：中国考古学史上的重要遗址

在百年中国考古学史上，以发现时间和重要性而论，陕西西安半坡遗址绝对可以排进古代遗址的前五名。新中国成立后不久，学术界还在讨论仰韶文化的时候，是半坡遗址的发现和发掘，确定了半坡类型的命名，从而在仰韶文化的一统天地里，明确了有这样一个带有独特风格的文化的存在，树立起半坡类型和半坡晚期类型两个阶段的标杆。半坡类型与差不多同时期确立的庙底沟类型双峰并峙，对构建中国史前文化框架具有开创之功，带动了聚落考古研究和多学科合作考古，推动了中国新石器时代考古学的研究与发展。正因为如此，我由豫入陕，确定第一站必须要去拜访的，就是半坡遗址。

对我来说，访问半坡遗址还有另外一个意义，就是要去见一位故人——半坡遗址发掘的主持者石兴邦先生。石先生是中国社会科学院考古研究所的资深研究员，在编纂《中国大百科全书·考古学》时担任国外考古分支的副主编，并撰写了北美地区的考古条目，我当时负责国外考古分支的编辑，在工作中经常向石先生请教。《考古学》卷出版后，我就从事其他工作去了，再也没有机会见到石先生，前几年得知先生去世，心中很是难过。这次来陕西，看一看先生主持发掘的遗址，也算是对先生的缅怀和纪念。

半坡遗址的发掘与中国第一座遗址博物馆

1953年春，西安的灞桥火力发电厂专用铁路路基工程正在紧张施工。工地上，推土机经过，出现了大量石制工具和人的遗骨，还发现了不少彩色的陶器。施工单位迅速向文物主管部门汇报情况，文物专家闻讯前往，在工地收集被发现的石器和陶器并进行鉴定，初步判断应属于新石器时代的遗物，陶器，尤其是彩陶图案，具有仰韶文化特点。同年9月，中科院考古研究所对遗址进行了较深入的调查。次年开始，直到1957年，由考古学家石兴邦先生主持，先后对半坡遗址进行了5次较大规模的发掘，发掘面积约1万平方米。

半坡遗址的发掘，是以大面积揭露古遗址的聚落考古方式开展的，这是新中国考古的第一次，开创了中国聚落考古学的先河。在发掘过程中，1956年3月，陈毅元帅来此视察。他看到那些精美的文物，十分感慨，赋诗《半坡村访古》："半坡村是原人居，彩陶纷陈世所稀。绝无甲骨方块字，七千年前往可稽。"考察完后，他立刻向中央提出建议，应拨款修建半坡博物馆。

正是落实陈毅的建议，1958年4月，中国第一座史前遗址博物馆——西安半坡博物馆在遗址原地建成。博物馆是原始村落风格，进入原木搭建的史前房屋风格的大门，迎面是一座水池，水池中是正在用小口尖底瓶汲水的半坡姑娘的石雕。我走到这里，想到这座遗址博物馆竟与我同年，感觉到岁月沧桑给半坡姑娘带来的变化，不禁感慨万分。

半坡博物馆包括文物展厅和遗址保护大厅两个部分。在博物馆外，有发掘主持者石兴邦先生的半身塑像。我在塑像前向先生三鞠躬，表达对先生的敬意，才走进博物馆，开始此次的考察朝拜。

半坡遗址与半坡文化

经发掘的半坡遗址分为居住区、墓葬区和制陶作坊区。居住区由一条大的人工壕沟围绕，区内被一条小沟分为两片，每片中心有一座大房子，周围是小房子。房屋形制有半地穴式和

彩陶瓶　　　　　　　　　人面鱼纹彩陶盆

地面建筑两种，房子之间有储藏东西的窖穴。房子周围还发现长方形家畜圈栏。大沟外北边是公共墓地，东边是烧窑区。

　　半坡遗址出土的生产工具以石、骨为原料。石器有斧、锛、凿、刀、铲、砍伐器、磨棒、磨盘、箭头、网坠和纺轮。骨器有骨针和鱼钩，有的鱼钩还有倒刺。生活用具主要是红底黑彩陶器，以圜底钵为主，纹饰以条纹、三角纹、细绳纹、弦纹为主。彩陶上有笔画简单、形态规范的刻划符号，似是原始的文字雏形。

　　半坡村的原始居民是以氏族或部落为单位的村落定居者。居住区中央的长方形大屋可能是氏族集体活动的场所。多种农具、渔猎工具的出土，反映半坡居民的经济生活为农业和渔猎并重。半坡的成年人死后埋入公共墓地，常随葬陶器及骨珠等装饰品。发现的两座同性合葬墓，分别埋着两个男子和四个女子，一般认为是母系氏族社会的葬俗。一座女孩土坑墓中随葬品精致丰富，表明当时对女孩的爱重。

　　根据半坡遗址的发掘而确定的半坡文化，是中国新石器时代黄河中游地区农耕文化的典型代表，年代为距今约6800—6300年。这一文化以关中地区为核心，影响范围包括晋南、陕南陕北以及河套、伊洛—郑州地区，在黄河流域乃至整个中国史前文化中具有极其重要的地位。半坡文化属于彩陶文化，盆、钵、罐、细颈壶等陶器上的彩绘作品丰富而生动。彩陶多见黑彩，还有少量红彩。绘画图案一类为象生性图案，如张口作吞食状的鱼、悠闲的鹿、搜索食物的蛙等动物纹，还有植物纹。这些象生图案同史前人类的生活息息相关，是农耕和渔猎生活的反映。另一类为几何图案，有三角形、方格纹、编织纹等，这类图案多在钵、罐、盆、壶类外壁上部，多数图案清晰，笔画疏朗。考古学者认为，三角纹是由鱼纹图案变化而来，波折纹则可能是山或水的写意。

　　半坡文化彩陶上最有代表性的花纹是鱼纹，不仅数量多，且贯穿于半坡文化的始终，鱼纹的形象由平板写实到活泼灵动，再到趋于几何化、富于装饰性，具有考古学分期的意义。

半坡遗址揭示的原始社会图景

　　半坡遗址发掘的意义，不仅在于确立了一个新的文化类型，还在于这是我国首次对一个原始氏族聚落遗址进行大面积的揭露，为研究中国黄河流域原始氏族社会的性质、聚落布局、经济发展、文化生活等提供了完整的资料。

　　半坡东依白鹿原，北边是开阔的平原地带，坡下有河水流过。在6000多年前，这里属亚热带地域，气候温暖而湿润。按遗址规模估计，半坡村居住人口为400到600人，已经是一个颇具规模的聚居地。半坡遗址的大房子面积约160平方米，是整个村落的中心，其前面是一片很大的中心广场。这座大房子应是氏族或部落的公共建筑，是大家举行集会、商讨事务的地方，也是老人和小孩子居住之处。大房子四周的小房子，门道都朝着大房子，推测其中住着的主要是已婚妇女及来访的其他氏族的男子。由此推知，当时社会还属于母系氏族阶段，子女只知其母，不知其父。在村中还有一个保存火种、吃"大锅饭"的地方，其遗迹现象是由椭圆形灶和圆形灶组成连灶，中间以1米长的火道相通。两个灶的侧壁和底部都有很厚很坚硬的红烧土层，表明是长期使用的结果。这一遗迹展现了半坡人共同劳

半坡遗址出土的小口尖底瓶　反映半坡人数列概念的彩陶碗

动、共同生活，围着篝火进食的原始生活场景。

半坡遗址中出土了盛粟的罐和腐朽的粟，还发现炭化了的白菜、芥菜一类的种子，证明半坡居民种植粟以及蔬菜。许多石或骨的箭头表明半坡人已使用弓箭。半坡人已经驯养狗、猪、鸡，在农耕之余，男人们会去树林里打猎，女人们则会采集植物的果实，或者捕鱼和螺蛳等水产品。

遗址出土的工具表明，半坡人是出色的匠人，他们制作的陶器很有特色。半坡人做饭使用陶甑，其原理与今天的蒸锅并无区别。小口尖底瓶是半坡最具特点的陶器。关于它的用途，有人认为这是一种巧妙运用重心原理的汲水器：在双耳系上绳子，打水时瓶子接触水面会自动倾斜，灌满水后重心变化，会自然竖起；其器形便于手提与肩背，并且因为口小，运送路上水不容易溅出。另一种意见认为这是酿酒用具，其尖底造型是为了发酵粮食酒。

半坡人有自己的精神生活。我们从出土的陶器上能看到抽象的刻画符号，一些图案表明他们已经具备数列和多边形的概念。他们还制作出陶质乐器——埙，今天的艺术家仍可据此吹奏出乐曲。彩陶上的人面鱼纹图案，或许就是半坡部落的图腾或族徽。

半坡人还修建有防御工事——大围沟。这个大围沟宽7—8米，深5—6米，底径1—3米，全长300多米。沟的内沿高出外沿1米多，靠居住区的沟壁坡度很大，外壁则接近陡直。这个围沟夏季可将村落中的积水排出，而遇到野兽袭击或外族侵袭时，则是村中防护的屏障，其功能等于后世的城壕。

墓葬区是完整的氏族公共墓地。墓中死者一般都头部向西，以单人葬为主，也有二人、四人葬，但都是同性的合葬。半坡人对儿童的丧葬处理十分特别，儿童大多置于瓮棺之内。当时人们的生活十分艰苦，加之疾病流行，儿童死亡率应该很高。儿童夭折了，大人就会在房屋附近地上挖坑，放入陶瓮或罐，把孩子尸体放在里面，上面再盖上陶钵或陶盆，较大的孩子则用两个陶瓮对起来埋葬。这类瓮棺葬，上盖的陶器都会凿个洞，也许是供死者灵魂出入，反映了成年人对儿童的眷恋思念之情。

在博物馆里认识汉长安城：世界性大都市的遗迹

结束了在西安半坡的访问之后，我循西安的北环路，由东向西进发，目的地是陕西考古博物馆和陕西历史博物馆的秦汉馆，争取多了解一些关于汉长安城的资料。长安，是汉朝的首都，又是丝绸之路的起点，历来受到学术界和普通民众的高度关注。我曾多次来西安，也曾到过汉长安城的长乐宫遗址等处，对这个历史上极为有名的城市有概略的印象，此刻的访古，就是要把握更多的细节性的东西。

陕西考古博物馆和陕西历史博物馆秦汉馆都是新建成不

久的大馆，陈列形式新颖，文物也很丰富，一圈走下来尽管很累，但收获不小。

汉长安城史和研究发掘史

汉长安城是在秦兴乐宫的基础上重建而成的。秦末，群雄并起，楚汉相争，汉五年（前202），刘邦在氾水之阳（今山东曹县北）称帝。同年在陕西省咸阳市秦都区南、秦始皇兄弟长安君的封地置长安县，由萧何主持营造都城，先建成长乐宫，高帝七年又建未央宫，刘邦从关中的栎阳迁都至此。汉惠帝元年（前194）开始修筑长安城墙，五年后完成；汉惠帝六年（前189）建西市。汉武帝时在城内建北宫、桂宫和明光宫，在西面城外建建章宫，又扩充上林苑、开凿昆明池，长安城至此基本建成。

长安城是汉境的政治、经济、文化中心。张骞通西域后，它又成为著名的国际都会，与罗马并称，是当时世界上最大、最繁荣的城市。全盛时期如汉平帝元始二年（公元2年）时，城中有8.8万户、24.6万人，成为中国历史上第一座规模庞大、居民众多的城市。西汉末年，王莽篡权，实行托古改制，导致大规模农民起义，长安城被大火焚烧，成为一片废墟。尽管如此，起义政权更始帝和赤眉帝、东汉献帝、晋惠帝愍帝、前赵、前秦、后秦、西魏、北周、隋等政权仍将长安城或作为都城，或划为禁苑。到了唐代建都长安，汉长安城禁苑内长乐宫、桂宫、北宫尚存，明水园、西北角亭、南昌亭、北昌亭、永泰亭、临渭亭等园亭以及东汉太仓、汉苑亭建筑等仍可辨别。

对汉长安城的研究始于千年之前。北宋名士吕大防（1027—1097）曾据前朝遗图和遗址绘制了《长安图》，后刻在石上。这是中国现存最早、幅面最大、范围最广、注记最多的城市碑刻平面图，不过今天仅存原碑残块及一些拓片，已不足原图三分之一。

对汉长安城遗址系统的、有计划的考古工作，是从1956年开始的。此前的考古工作都是个人性质的零星调查，如清光绪三十二年（1906）日本人足立喜六的调查，以及部分中国学者对汉长安城遗址的一些踏查。1956年，中国科学院考古研究所组成汉长安城工作队，首任队长是后来担任考古所所长的王仲殊先生。考古工作队对汉长安城遗址进行了长期而系统的大规模考古勘探，初步揭示了汉长安城的布局结构，并对一些重要的城门、宫殿、武库、官署、宗庙、社稷、辟雍、作坊遗址等进行了考古发掘。20世纪80年代开始对未央宫遗址进行全面考古工作，2002年起重点转为长乐宫遗址，已经考古发掘了6座大型建筑遗址，且对汉长安城角楼遗址、十六国至北朝时期建都于汉长安故城的都城遗址进行了考古勘探，初步揭示了西汉以后汉长安故城作为都城的布局形制变化。21世纪以来，还对汉长安城附近秦汉上林苑遗址、昆明池遗址等众多遗址和墓地进行了考古勘查与试掘，取得了一系列重要学术成果。

汉长安城的规模与构成

汉长安城平面近方形，城墙为夯筑，周长达25700米，外面环绕壕沟。东、西城墙较平直，北城墙与渭河河道走向基本平行，南城墙因迁就先筑的长乐宫、高庙和未央宫，中部外凸。城周围有12座城门，每面3座，除与宫城宫门相对的4座城门外，另8座城门各与城内一条大街相连。已发掘的宣平门、霸城门、西安门、直城门和横门等城门均有3个门道，每个门道宽约6—8米，可容四辆马车并列通过。城内8条笔直、宽阔的大街也均分为三道。中道宽20米，是专供皇帝使用的"驰道"。中道与两边道路之间以排水沟相隔。排水沟通至城门，城门之下有用砖石材料构筑成的大型排水涵洞。

汉长安城内的宫城区，也就是皇室和官署区，包括未央

汉长安城的排水涵洞

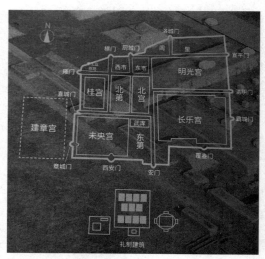

汉长安城遗址平面图

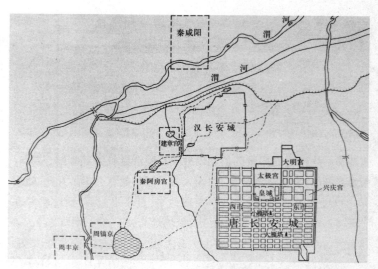

周丰镐城、陕西省咸阳市秦都区、汉长安城、唐长安城位置关系图

宫、长乐宫、桂宫、北宫和明光宫等。

长乐宫位于汉长安城东南部，宫城中部有一条横贯全宫的东西干路，向东通至霸城门，向西与直城门大街相连接。长乐宫内的主要宫殿建筑分布在东西干路南部，现已勘探出东西分布的三组大型宫殿建筑群。未央宫位于汉长安城西南隅，平面近方形，面积约5平方公里。宫墙夯筑，四面各辟一座宫门，此外还有若干座"掖门"。宫城四隅筑有角楼。宫城之内有两条东西向干路、一条南北向干路。两条东西干路将未央宫分成南部、中部和北部。中部是未央宫的主体建筑——前殿，其夯土台基至今尚存，是利用南北向的龙首山丘陵修建的高台建筑。北部为后宫和皇室官署所在，后宫首殿——椒房殿遗址规模宏大。未央宫西北部为负责官营手工业的中央官署建筑遗址。后宫以北和西北部有皇室的文化性建筑，如天禄阁、石渠阁等。

在长乐宫和未央宫之间为武库遗址。长乐宫和未央宫以北还分布着北宫、明光宫和桂宫。北宫是西汉初年营建的一座宫城，汉武帝时增修。明光宫位于长乐宫之北。桂宫在未央宫北和建章宫东，西邻西城墙。

"东市"和"西市"遗址在长安城西北部。西北部已发掘出制陶、冶铸和铸币作坊遗址。西市东北部的西汉时代铸币遗址中出土了数以千计的"五铢"砖雕范母，也发现了个别石雕范母，应为中央政府所属的铸币工场。

在长安城南郊有宗庙、辟雍和社稷遗址等礼制建筑。宗庙遗址位于汉长安城西安门与安门南出平行线之间，包括建筑形式均同的12座建筑。一般认为这是文献记载中的"王莽九庙"遗址。辟雍遗址位于今西安市西郊大土门村北，平面外圆内方，主体建筑居中，建于圆形夯土台上。官社遗址和官稷遗址在汉长安城西南部。

长安城的一般居民大多居住在城的东北隅一带，皇亲贵戚、重臣显宦的宅邸则在未央宫北的所谓"北阙甲第""宣平贵里"。

长安城西有建章宫和上林苑等皇室建筑。建章宫的主殿为前殿，太液池在前殿西北。建章宫东门在前殿以东，宫门外二阙基址至今尚存，是我国现存最早的古代宫阙地面基址。上林苑是汉长安城的皇家苑囿，主要建筑集中在长安西南部的昆明池附近，苑内有离宫别馆数十处。

汉长安城的历史价值

近70年的汉长安城考古，出土遗物非常丰富，其中以陶质砖瓦建材最多，还有铁器、铜器、石器、金属货币等。铁器有刀、剑、矛、戟、镞、铠甲、斧、锛、凿、锤、釜等。铜器有鼎、钫、锤、釜及铜戈、铜镞等。货币有马蹄金、麟趾金和汉"半两"、"五铢"钱及王莽时的铜币。此外，还出土了骨签、汉俑、简册、秦汉封泥等文物，是研究汉代历史的重要实物资料。

未央宫出土骨签6万多枚。骨签以动物骨骼（主要是牛骨）制作而成，颜色以白色或黄白色者为数最多，其内容大多是各地工官向中央政府"供进之器"的记录，是研究西汉经济和官制等方面最具权威性的档案资料。

汉长安城中，宫城和众多高等级宅第占全城面积的三分之二以上，在这里曾上演过许多有声有色的历史大戏。高大的城门和雄伟的宫殿固然充满了皇权至上的观念，然而在农民军的打击下，却也一朝颓败。礼制建筑遍布城市内外，昭示汉政权的正统性，仍挡不住王莽篡汉的闹剧发生。看历史，其有味之处也正在此。

汉长安城是由丞相萧何主持营建的。史载，萧何修建未央宫，刘邦认为过于壮丽，很不高兴，对萧何说，天下还未定，修得这么壮丽干什么？萧何回答说："天子以四海为家，非壮丽无以重威，且无令后世有以加也。"萧何的意思，是要刘邦以皇宫显示威风，还要后世无法超过。因为萧何要令皇上满意，所以长安城的布局结构反映了西汉王朝最高层统治者们的都城、宫城设计思想，在中国古代都城发展史上有着十分重要的意义，对后代的影响深远。

秦都咸阳：世界最早的开放性大城

在中国历史上，汉朝继秦朝之后而起，汉承秦制，形成了一个大的历史时段。汉秦相续，一个最直接的表现，是汉长安城最早的宫殿长乐宫就是在秦朝兴乐宫的基础上兴建的。今天，无论是在历史学界，还是在考古学界，"秦汉"都是密不可分的学术范畴。我刚刚讲完了汉长安城，按理说就应该讲秦都咸阳了。实际情况也是如此。我在陕西历史博物馆秦汉馆和陕西考古博物馆看完了相关的展览之后，就由西安城西北上，到咸阳原考察了咸阳宫遗址和秦咸阳宫遗址博物馆。

秦都咸阳的营建和考古发现史

柳宗元《封建论》中说秦都咸阳"据天下之雄图，都六合之上游，摄制四海，运于掌握之内"，司马迁说咸阳城内"四方辐辏、并至而会"，都是说咸阳是当时的大都市，见于文献的众多宫殿和离宫别馆沿渭河两岸绵延伸展，蔚为壮观。然而，正如"罗马不是一天建成的"，秦咸阳城的营建也经过了很长的历程。

历史上，秦人起于周境的西陲（今甘肃礼县、西和一带），后来逐渐一路东进，陆续迁移的都城有秦邑（今甘肃清水）、汧邑（今陕西陇县南）、汧渭之会（今陕西眉县东北）、平阳（今陕西眉县西）、雍城（今陕西凤翔北）、泾阳（陕西泾阳北）、栎阳（今陕西临潼北）。秦孝公十二年（前350），命大良造商鞅在渭河北岸的土塬上筑咸阳宫的冀阙，次年将都城由栎阳迁都于此，定名咸阳。秦惠文王在位时（前

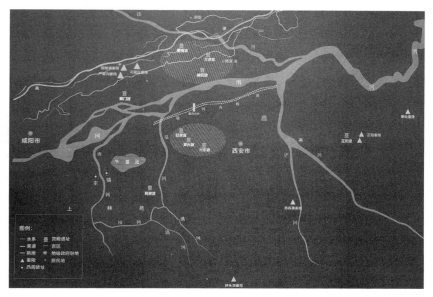

337—前311），继续扩建咸阳宫室，"北陵宫殿"已扩充到南临渭水，北逾泾水。秦昭襄王在位时（前306—前251），在渭南兴建章台宫、兴乐宫、长杨宫及射熊馆，并兴建渭水桥。

秦王政即位后开始大规模营建：十六年（前231），置丽邑，创立陵邑制度；十七年至二十六年，每破一国，都在咸阳北阪仿建其宫室，自雍门以东，"泾渭之间殿屋复道周阁相属"；二十七年在渭河之南建信宫，后更名为极庙，自极庙至骊山作甘泉前殿；三十五年在渭南上林苑中建朝宫，先作前殿阿房宫，又用卢生建议，在咸阳之旁二百里内建宫观二百七十，以复道甬道相连。三十七年（前210），秦始皇驾崩。三年后刘邦攻入咸阳，之后项羽屠咸阳，烧宫室，火三月不灭，所谓"楚人一炬，化为焦土"，至此连续营建了140余年的咸阳城毁废。

1959年以来，陕西省文物考古部门对咸阳故城进行了长期的调查和发掘，探明秦咸阳城的中心位置在今窑店镇一带，城区范围内，共发现各类遗址遗迹230余处，经过试掘和重点发掘，发现大小不等的夯土建筑遗址27处，包括宫墙遗址和重点发掘的宫殿遗址，以及多处手工业作坊遗址和长达4公里的墓葬区，为进一步探清秦咸阳故城的范围积累了重要资料。

秦都咸阳的规模和主要宫殿

秦咸阳城遗址没有发现城墙，其整体布局是利用人工壕沟，结合河流湖泊、台塬等自然环境区分各功能区，并形成防卫设施。

经考古勘探推断，秦咸阳城东西长约7220米，南北宽约6700米。中心区域现存面积20平方千米，其中部偏北处、即今渭城区窑店镇东北、牛羊沟东西两侧，是秦国时期所修筑的宫殿遗址，即咸阳宫遗址。其东西两侧的宫殿建筑中就包括了仿六国宫室建筑，西南部为规模很大的手工业作坊区、市民居住区和市场，东边是王室或皇室使用的兰池和兰池宫，属池苑风景区。

咸阳宫遗址是咸阳故城发掘研究比较充分的部分，其周长达2700余米的夯土墙基内，出土有较多战国时期的板瓦、筒瓦

1号宫殿基址复原图及复原透视图

残片和少量战国时期陶器残片，由此判断此墙是战国时期修筑的咸阳宫墙。宫墙内已发掘的三座宫殿遗址可复原为一组对称的高台宫观，由跨越谷道的飞阁相连，为富有艺术魅力的台榭复合体。

1号宫殿遗址平面略呈L形，南北内含若干室。南部西段一列5室，西边4室为卧室，出土有壁画残片，伴出陶纺轮，可能是宫嫔居室；最东一室内有取暖的壁炉及大型陶制地漏与排水管，应是浴室。浴室的一角有贮存食物的窖穴。大台的南、西、北三面建有回廊，它既是联系各房间的通道，又起到保护土台的作用。台基中央的主体宫室南、北墙各开二门，东墙居中一门。中央有直径60厘米的"都柱"；地表为朱红色，即当时的"丹地"，表明这里是最高统治者所使用的厅堂。厅堂东侧为卧室，内设有壁炉。大台的西侧还有大卧室、大浴室和贮藏室，似应是嫔妃居住使用的。厅堂朝北有宽敞的厅室，朝南有宽阔的大露台，由此可以俯瞰全城，并可远眺渭水与南山风景。

3号宫殿遗址位于1号宫殿遗址西南，二者有夯土连接。发掘清理出阁道、回廊两道，屋宇两室。阁道仍存有高0.2—1.08米的残墙，东西两壁有总长32.40米的壁画。

2号宫殿遗址在1号宫殿遗址西北93米处。房屋分为二层。室内发现封闭式排水池和蓄水窖，出土较完整的龙纹、动物纹、四叶纹空心砖，还出土有瓦当、带钩、半两钱和壁画残片等。

1号宫殿遗址地面、墙面留有多次维修、改建的痕迹，判断这里应是秦咸阳宫的某个殿址，始建于战国，秦统一前后又经过多次修缮。

文物考古部门近年还在秦咸阳城宫殿官署区内的西部、北部、南部各发现50米宽的道路，道路为两横一纵分布，构成主干道路。另外发现6号高台建筑仍残留夯土台基于现地表，自秦代地面至现存台基顶部高达11.3米。揭露其顶部结构，发现曲尺形墙体与壁柱、台阶与斜坡通道、涂朱地面等。结合周边考古资料，判断其东部水域即为文献记载的"兰池"。

在咸阳宫区以西发现的府库遗址，包括五组大型夯土建筑基址，出土了大量板瓦、筒瓦、空心砖等建筑材料。府库遗址中出土的编磬有使用过的痕迹，其中23件残块上有秦小篆字体的"北宫乐府"等内容的刻文，表明这里是储存包括编磬等礼乐用具在内的秦代大型府库。

很多人耳熟能详的阿房宫其实属于离宫，远离咸阳宫殿区，在渭水之南的秦上林苑中。其遗址在今西安市三桥镇西北，纵长5千米，横宽3千米，面积约15平方千米。阿房宫遗址内仍保留在地面的夯土台基有20余处，包括阿房宫前殿基址以及周边分布的上林苑1—6号、兰池宫、上天台、祭地坛、磁石门、好汉庙等建筑基址。

咸阳城遗址出土文物及研究价值

秦咸阳城遗址出土的文物主要包括陶器、铜器（含铜兵器、铜礼器、铜制生活器、车马器等）、铁器、玉器、石器、骨器、料器、货币、铜锭、金属构件、壁画残片、陶制建筑构件等，而以残损的建筑构件为主。

建筑构件中的空心砖作为秦砖的一种，是盛行于战国秦汉时期的巨型建筑材料。秦咸阳宫空心砖主要包嵌在台阶表面作为踏步使用，也用来装饰墙面。秦咸阳宫遗址内出土的瓦当绝大多数为饰有云纹、植物纹、动物纹的圆瓦当。云纹瓦当占绝大部分，装饰云纹或变形云纹很有特色。在咸阳城遗址中还发现了齐、楚、燕等国风格的瓦当，表明秦始皇仿六国建筑在咸阳建造宫殿是历史的真实。

秦咸阳城遗址出土的金银器、铜器、陶器、建筑构件上的造型纹样偏于疏朗，几何感强，动物造型生动，是秦地艺术的代

咸阳城遗址出土文物

虎钮铜錞于

夔龙纹瓦当

龙形玉佩

表性作品，具有较高的艺术价值。秦咸阳宫壁画题材为秦王出行车马、仪仗等，其中有车马、人物、花木、鸟兽、鬼怪、建筑等形象，色彩有红、黑、紫红、石黄、石青、石绿等，是迄今仅见的秦代绘画原作，也是迄今所见最早的宫廷壁画。

秦国建造咸阳城，表明秦国对都城的选址、区域规划等方面，已经具备"象天法地"等理念的城市规划思想，秦始皇时期的大规模营造，更是中国大一统帝国首都规划的肇始，故此秦咸阳城遗址在中国城市规划史上具有独特的地位。秦咸阳城没有发现城墙遗迹，似乎说明秦国对于自身实力有极强的自信心。秦咸阳城遗址中留存的高台建筑遗址、各类建筑构件、排水系统遗迹等遗存，表明偏于西方的秦国，具有不逊于东方齐国等大国的物质文化和技术水准，与各地有着密切的联系和交流。

站在咸阳宫所在的咸阳原上，南方的西安城，包括近处的汉长安、远处的唐长安城尽收眼底。这咸阳原可是居高临下啊！萧何没有在此地建设长安城，大概是因为当时咸阳被项羽破坏得惨不忍睹了吧？

大唐乾陵：史上唯一的埋葬二帝的陵墓

西安的访古行程持续了两天。由于我在2023年11月底曾到过西安，访看了城内的大小雁塔以及陕西历史博物馆、城东的秦始皇陵兵马俑博物馆等地，所以这次的西安之行，主要在城市的外围巡行。在看完了咸阳宫遗址后，我就准备继续西行，到宝鸡去看周原等地的文物，西行路上的第一站，就是乾陵。

作为十三朝古都，西安周围有不少帝王的陵墓。从大的时代来说，西周、战国、秦、汉、唐代的帝王都埋葬在西安附近，但今天西周的王陵还没有被发现，秦始皇和秦二世的陵墓在临潼，汉代的帝陵分布在长安城周围40公里的范围，而唐代的帝陵就要更远一些，都在渭河以北、北山山脉各山峰的南麓，而其中最具看点的，是唐高宗李治和武则天的合葬墓乾陵。乾陵还有一点吸引我的，就是永泰公主等墓的壁画，20世纪70年代前后发掘时，这壁画可是轰动了一阵子呢！

乾陵的规制和地上石刻

乾陵是陕西关中地区唐十八陵之一，位于陕西省乾县北部的梁山上，距西安76公里。唐高宗弘道元年（683），武则天命吏部尚书韦待价负责乾陵工程，次年八月李治下葬。之后工程继续进行，中宗神龙二年（706）五月，武则天葬入。

乾陵陵园规模宏大，据《唐会要》记载，陵域占地"周八十里"，有内外两重城墙及献殿、偏房、回廊、阙楼、下宫等建筑群，但今已不存。陵墓没有发掘，陵内情况不得而知，其最具特色的是陵前石刻。石刻从梁山南二峰的天然双阙起，往北依次对称排列，立于首位的是一对高8米余的八棱柱石华表，接着是一对昂首挺胸、浑圆壮观的石刻翼马，翼马之北是一对优美的高浮雕鸵鸟，紧接鸵鸟的是5对配有驭手的石仗马和10对高4米左右的石翁仲（或称直阁将军）。石翁仲之后便是双阙，双阙中间为司马道，双阙前分别立述圣纪碑和无字碑。

述圣纪碑位于司马道西侧，武则天亲撰、唐中宗李显书丹，是为唐高宗歌功颂德的功德碑，开帝王陵前立功德碑之先例。无字碑在司马道东侧，通身为一块完整的巨石，碑额未题碑名，碑额阳面正中一条螭龙，左右侧各四条，共有九条螭龙，故亦称"九龙碑"。碑的两侧各有一条线刻而成腾空飞舞的巨龙。碑座阳面还有线刻的狮马图。碑本无字，现存的文字都是宋代以后的文人游客刻写上去的。

陵园内城的四门之外各蹲踞一对石狮，以朱雀门外的最为

乾陵翼马

乾陵拄剑石人像

雄伟。这对石狮昂首挺胸，巨头披鬃，瞋目阔口，两足前伸，身躯后蹲，增加了陵园的神圣和威严气势。

乾陵最为引人注目之处，是朱雀门外、神道东西两侧的两组石人群像。石人群像整齐地排列于陵前，西侧32尊，东侧29尊，共61尊。这些石人与真人等高，习惯上称为"蕃像""宾王像"，也称"六十一蕃臣像"。石人穿着各不相同，双双并立，两手前拱，姿态极为谦恭，仿佛在这里列队恭迎皇帝的到来。宋朝时，有人对35尊石像上的文字做了抄录，其中的客使及侨居长安的外宾有五六人，其余全是唐王朝属下的各族官员或值宿京师的各属国国王、王子，品级几乎都在三品以上，不少是一品官。

到本世纪初，所有石像均已无头。其原因，有人认为是毁于金、元统治时期，有人认为明代时关中曾发生大地震，导致蕃像被破坏。尽管没有了头部，但这些雕像整齐恭敬地排列于陵前，体现的正是唐朝的对外开放、"协和万邦"的国策。

乾陵的几座陪葬墓

乾陵有17座陪葬墓，包括两座太子墓、三座王墓、四座公主墓，以及八座大臣墓。20世纪六七十年代发掘了永泰公主、章怀太子、懿德太子、中书令薛元超、燕国公李谨行等五座陪葬墓，而以章怀太子墓、懿德太子墓、永泰公主墓为最重要。

章怀太子墓位于乾陵东南约3公里的杨家洼村北高地，封土呈覆斗形，底部长、宽各43米，顶部长、宽各11米，高约18米。封土堆南有残存的一对土阙，土阙南面有并列的一对石羊。四周原有围墙，墓区约占地26000平方米。墓中有壁画50多幅，保存基本完好，其中"打马球图""狩猎出行图""迎宾图""观鸟捕蝉图"等十分精彩，显示了唐代高超的绘画水平。

懿德太子墓位于乾陵东南隅。地表有双层覆斗形封土，周围设围墙。墓全长100.8米，由墓道、6个过洞、7个天井、8个小龛、前甬道、后甬道、前墓室、后墓室八部分组成。墓壁绘壁画约400平方米，色彩绚丽，画中人物姿态各异，真实地反映了唐代宫廷的日常生活。

永泰公主墓位于乾县北部，陪葬品丰富，墓制宏大。墓的四周围墙，总面积6050平方米。南门外排列着石狮一对、石人两对、华表一对，具有陵的规模。封土堆高14米，东西南北各长56米。墓室全长87.5米，宽3.9米，深16.7米。此墓虽然被盗过，出土文物仍达1354件，其中各类彩绘、唐三彩俑878件。墓内有1200多平方米的壁画，画面以人物为主，颜色鲜艳生动，

章怀太子墓出土的三彩武士俑

是研究唐代历史极为重要的第一手资料。墓室中的石椁壁面线刻15幅仕女人物画，造型之美极为罕见。

乾陵及陪葬墓的墓主

我们已经知道，乾陵是唐高宗李治与武则天的合葬墓，所以被认为是独特的一陵葬二帝的陵墓。不过，历史上似乎不大承认这个，比如清代的陕甘总督毕沅就只说乾陵是高宗李治的陵墓。

唐高宗李治（628—683），字为善，小字雉奴。太宗第九子，长孙皇后所生。631年封晋王，643年立为太子。太宗死后继位，年号永徽。他在位期间尊礼大臣，关心百姓疾苦，史称"永徽之政"。但他晚年患病，皇后武则天逐渐掌握朝政，称"天后"，朝廷内外称他们为"二圣"，其实是武则天掌握实权，高宗已大权旁落。683年12月，高宗病死，后葬于乾陵。

武则天（624－705），一名武曌，并州文水（今属山西）人。荆州都督武士彟次女，14岁入后宫，为唐太宗的才人。太宗死后入感业寺为尼，唐高宗即位后，被召回宫中，封昭仪，永徽六年成为皇后。天授元年（690），武则天自称"圣神皇帝"，改国号为周，建立武周，定都洛阳。神龙元年，宰相张柬之等拥立中宗复辟，迫使病重的武则天退位，并为其上尊号"则天大圣皇帝"。同年11月，武则天去世，被以皇后身份入葬乾陵。武则天为政尽管颇有作为，但历史上对其评价不高。这是因为她本是唐太宗李世民的妃子，后来又成为高宗李治的皇后，在传统礼制上是悖逆的，并且她任用酷吏，豪奢专断，积弊甚多。

永泰公主名李仙蕙（684—701），是唐中宗李显第七女，极受宠爱。久视元年（700），受封永泰郡主，下嫁武承嗣之子武延基。大足元年（701）九月三日，其兄李重润和其夫武延基私下议论武则天男宠，为武则天所杀。第二天，身怀有孕的李仙蕙难产而死，年仅17岁。后与丈夫武延基合葬，陪葬乾陵。唐中宗复位后，追赠永泰公主，以礼改葬，号墓为陵。

懿德太子李重润（682—701）是武则天之孙、唐中宗李显的嫡长子，也是中宗与韦皇后唯一的儿子。本名重照，避武则天讳改。他在出生满月时即被高宗李治立为皇太孙，嗣圣元年（684）二月，因其父中宗失位，被贬为庶人。圣历三年（700），因李显恢复太子身份，又被晋封为邵王。大足元年（701年），李重润与妹婿武延基议论张易之兄弟肆意出入内宫、把持朝政，遭人告发，武则天听闻后大怒，将其杖杀，死时年仅19岁。其父李显复位后，追赠皇太子，谥懿德，并将其灵柩从洛阳迁到乾陵陪葬，给予"号墓为陵"的最高礼遇。

章怀太子李贤（655—684年），字明允，是唐高宗李治第六子，武则天次子。出生即封潞王，以"初唐四杰"之一的王勃为师，深得李治喜爱。上元二年（675），太子李弘猝死，李贤被册立为皇太子，后三次监国，引武则天猜忌。调露二年（680），武后派人揭发太子谋反，被废为庶人，幽禁在长安，后流放巴州。武则天把持朝政后，命令左金吾卫将军丘神勣前往巴州搜查李贤住宅，以消除其"谋反"隐患。丘神勣到巴州后将李贤囚禁别室，逼其自杀。中宗神龙二年（706）追赠司徒，以亲王礼陪葬乾陵。睿宗景云二年（711），追谥章怀太子，与太子妃房氏合葬。

乾陵，如山如岳，气势宏伟，然而葬在这里的人却是夫妇相轧，母子、祖孙不容，人伦难能保全。皇权之下，他们虽然最终归于一区，然而在地下能冰释前嫌吗？

法门寺珍宝：汇聚半个盛唐的文物宝库

从乾陵所在的梁山上下来，我便开始了往宝鸡的行程。其实在宝鸡之前，我还安排了两场文物考古的盛宴，这就是扶风法门寺和周原博物馆。前者是20世纪中国考古十大发现之一，后者是西周文化的诞生地，都是很有看头的地点。

我在20世纪90年代曾来过法门寺。当时是法门寺地宫发现不久，我借出差之机，从西安坐车颠簸几个小时才来到扶风，今天仍留存的印象，是在一个大工地里，在一个很憋屈的地方，看了地宫中出土的部分文物，当时佛指骨舍利还能公开展览。这次又来到法门寺，新建的法门寺、法门寺塔，及法门寺文化景区、法门寺博物馆已经落成。景区内游客很多，但多是去礼敬定时开放的佛指骨舍利的宝塔，博物馆的游人并不多，这也使得我可以仔细地观赏法门寺地宫出土的珍宝。

法门寺塔与法门寺

法门寺位于陕西省扶风县城北10公里的法门镇，西距宝鸡90公里。法门寺原名阿育王寺，始建于东汉末年桓帝灵帝时，因舍利而置，因塔而建寺。始建时为木塔，名 "真身舍利宝塔"，4层，木塔下的地宫中存放着紫檀香木棺椁，内以金瓶盛放佛祖指骨舍利。木塔在十六国和南北朝时期屡遭兵火破坏，最终在北魏太武帝拓跋焘废佛运动中成为废墟。西魏时，北魏皇室后裔、岐州牧拓跋育修复阿育王寺和舍利塔，西魏恭帝元魏二年（555）首次开塔，瞻礼佛舍利，法门寺成为当时中国四大佛教圣地之一。

维修前法门寺塔毁坏情况

隋文帝开皇三年（583）改寺院名为成实道场，舍利塔随之改名为成实道场舍利塔。义宁二年（618），又改成实道场为法门寺，塔也被名为法门寺舍利塔。同年法门寺遇火焚毁。唐太宗贞观五年（632），岐州刺史张德亮在塔基上修筑4层殿楼，以殿代塔，名望云殿。唐高宗显庆五年（660）

将佛骨迎至洛阳，供养3年后，于龙朔二年（662）送归，诏令和尚惠恭、意方等重修法门寺塔，并向寺院施舍钱五千贯、绢五千匹，皇族、大臣也纷纷捐物献钱。重修后寺名为无忧王寺，塔名则为无忧王寺真身宝塔。唐中宗景龙四年（710），题舍利塔为"大圣真身宝塔"，亦名"护国真身宝塔"。唐代先后有高宗、武后、中宗、肃宗、德宗、宪宗、懿宗和僖宗八位皇帝在此六迎二送供养佛指舍利，每次迎送声势浩大，朝野轰动，皇帝顶礼膜拜，等级之高，绝无仅有。韩愈的《论佛骨表》就是针对这个而作的。因为皇帝礼佛，使得法门寺大小乘佛法并弘，显宗密宗圆融，成为佛教圣地。

后梁时期，原唐节度使、岐王李茂贞修葺木塔，在塔顶覆盖绿色琉璃瓦，其华丽足以与长安城内的大、小雁塔媲美。宋代法门寺达到最大规模，宋徽宗曾手书"皇帝佛国"四字于山门之上。金元之际，法门寺仍是关中名刹。明清以后，法门寺逐渐衰落。明隆庆三年（1569），凤翔地震，唐代木塔崩塌。万历七年（1579），地方士绅捐资修塔，30年后建成八棱十三级砖塔。清顺治十一年（1654），关中地区再次地震，塔向西南方向歪斜。同治元年（1862），寺院毁于大火。

1976年8月，四川松潘地震，导致法门寺塔向西南严重倾倒。1981年9月，因雨水侵蚀，塔顶跌落，只余半个塔身危立于残破砖石台基之上。为维修这座有着悠久历史的宝塔，在1987年发现唐代塔基地宫。

法门寺地宫的几番历险

1987年发现并发掘的法门寺地宫是世界上已发现的年代最久、规模最大、等级最高的佛塔地宫。

其实，法门寺地宫并非此番首次发现。明代隆庆年间，修缮法门寺的工匠们也曾打开地宫，看到了地宫中盛装佛骨的宝匣。《扶风县志》记载："明隆庆中塔崩，启其藏视之，深数丈，修制精工，金碧辉煌。水银为池，泛金船其上。内匣贮佛骨，旁金袈裟尚存。"但当时工匠们出于对佛祖的崇敬，并没有扰动佛骨宝匣和地宫宝物，又把地宫封闭起来，之后在地宫之上建成新的宝塔。

300多年后，华北慈善会会长朱子桥募资5万元，于1939年开始对法门寺塔实施维修，1940年7月竣工。重修时有匠人发现了地宫的一角。当时日军飞机轰炸西安，西北局势危急，为确保地宫安全，朱子桥立即召集知情人，要求他们立誓保守此秘密，决不让外人，尤其是日本人知道。之后朱子桥等人封闭地宫入口，对外称塔下毒蛇盘绕，无法进入。历史证明这些知情者确实一诺千金，地宫的秘密没有泄露出去。

"十年动乱"期间，有红卫兵欲挖地开塔，当时的寺院住持良卿法师点火自焚，用自己的生命阻止了开挖地宫的行为，保护了地宫的珍宝。

1981年，半个塔身倾倒后，已经无法简单维修，国家决定重建法门寺塔。1987年4月3日，勘查现场的考古人员发现了地宫的出入口。地宫中有两块石碑，一块是详细记载唐朝末年迎送佛祖舍利情况的志文碑，另一块是记载地宫宝物清单的《衣物账》碑。经过对地宫的清理，2000多件大唐皇室重宝伴随着举世无双的佛指舍利横空出世，成为20世纪中国考古重大发现之一。

法门寺地宫的珍宝

法门寺地宫的珍宝除了佛指舍利外，还有诸多的金银器、瓷器、纺织品、茶具、佛具等，宝光璀璨，气象万千。

佛指舍利共4枚。其中仅一枚是佛指舍利"灵骨"，其他三枚都属于"影骨"，两枚为白玉所制，另一枚为高僧舍利。放置佛骨的八重宝函大小不同，层层相套。最内层的宝函名为宝珠顶单檐四门纯金塔，塔顶飞檐高翘，金塔座上有一小银柱，仅11厘米高。

金银器多达120多件（组），多是为皇帝迎送佛骨的活动而专门制造的礼器。高超的制作技术，丰富的器物造型，华丽的图案装饰，展现了唐王朝发达的金银工艺。其中的鎏金银捧真身菩萨像高38.5厘米，重1.926千克，是高僧澄依为唐懿宗大寿专门打造的，法门寺迎佛指舍利入皇宫，就是将舍利安放在这尊菩萨双手捧持的荷叶上。鎏金双蛾纹银熏球直径12.8厘米，链长245厘米，重547克，是迄今为止唐银熏球存世品中最大的一件。其设计机巧，可分为上下对拿两个半球，内有一个钵状香盂及内、外两个平衡环，当球体滚动时，内外平衡环也随之转动，而香盂的重心始终保持平衡状态，其原理与现代航海、航空中所用的陀螺仪完全相同。其他的金银器，如鎏金卧龟莲花纹五足朵带银香炉、鎏金仰莲瓣圈足银碗、鎏金羯摩三钴杵纹银阏伽瓶等也都十分精美。

地宫中发现的琉璃器（即玻璃器）多是盘、碟、碗等承托器皿。共有20余件。其中的伊斯兰早期风格的八瓣花纹蓝色琉璃盘见证了唐代中西经济与文化交流的盛况。

地宫中出土的13件秘色瓷器，为鉴定秘色瓷的时代和特点提供了标准器。其中的秘色八棱净水瓷瓶内装有佛教五彩宝珠29颗，口上置一颗大的水晶宝珠覆盖。该器瓶身造型规整，制作工艺达到了唐代青瓷的最高水平，被认为是秘色瓷中最具典型性的作品。秘色八棱净水瓷瓶、五瓣葵口秘色瓷碟等的出土，让人们有幸一睹"千峰翠色"之器的真容。

地宫出土的700多件丝织品，有绫、罗、绢、锦、绣、印花贴金、描金、捻金、织金等花色品种，几乎囊括了有唐一代所有的丝绸品种和丝织工艺。这些物品多是历代皇后所供奉的，其中还有一件武则天的"武后绣裙"，更是极为难得。

法门寺珍宝的面世有着太多的重要意义，这里略述其中的几条。地宫中所出的佛指舍利是而今世界上独一无二的兼有文献记载和碑文证实的释迦牟尼佛真身舍利，是佛教世界的最高圣物。安奉佛祖真身舍利的45尊造像顶银函，除底面外，其

法门寺地宫出土珍宝

鎏金银龟盒

鎏金飞天仙鹤纹银茶罗子

秘色八棱净水瓷瓶

金银丝结条茶笼子

他五面均錾刻图像。顶面所錾刻的图像有五重，以顶图像为中心，共45尊佛构成整个唐代密宗曼荼罗坛场。修佛之人礼拜曼荼罗，可获得无上智慧和神秘法力，达到快速成佛之心愿。这种坛场自古以来俗世无缘得见，而今大白于世。

法门寺地宫出土了13枚以玳瑁制成的"开元通宝"，这是一种从未见诸史籍的货币。玳瑁是佛教密宗七宝之一，佛经记载其七宝是"一金二银三珍珠四珊瑚五玳瑁六水晶七琉璃"。大唐皇帝将玳瑁制成钱币供养佛指舍利，寓意深刻。

地宫中出土的唐代宫廷茶具，是于今所知年代最早、等级最高、配套最完整的宫廷茶具。这套茶具由茶盒、茶罗子、茶碾子、茶笼子、盐台、风炉组成，完整地展现出唐人饮茶将饼茶碾碎、过罗烹煮后加盐、椒的习惯，对于研究唐代生活风俗极有价值。

地宫中出土3条锡杖，其中的一条迎真身金花十二环银锡杖是于今发现的年代最早、体型最大、等级最高、制作最精美的佛教法器，被誉为"锡杖之王"，堪称稀世珍宝。这条锡杖杖身长约1.96米，杖首由垂直相交的两个银丝桃形轮组成，轮四面套雕金花金环12枚，轮顶呈仰莲流云束腰双层座，座上镶嵌智慧珠一枚，修长的杖身饰以鎏金纹，一周凸起的仰莲瓣下錾刻12个缘觉僧，极为精巧。

今天人们对"大唐盛世"的说法已耳熟能详，然而这"盛世"到底盛到何种程度，人们并不清楚。不过不要紧，你只要来看看法门寺地宫出土的宝物就知道了。这些金银器、琉璃器、秘色瓷器、佛教法器背后所支撑的皇家文化实在是太奢华了！当然这不是唐代的全部，因为这不可能是当时的平民百姓的生活，但是它们所反映的市场、工艺、中外交流情况是真切无疑的，足可表现当时的发展盛况。

周原遗址：周人的龙兴之地与都城

出了法门寺，我立即赶往周原遗址。两地距离只有七八公里，所以我只用了十几分钟就到了。博物馆前没有游客，我心里一惊，怀疑这里是否开放，怕又白跑一趟，但问过门口的保安，才踏实下来，进入博物馆开始观览，也由此了解了武王征商之前的周人的文化。

周原遗址位于宝鸡市岐山县和扶风县的交界处，是中国西周都邑中保存最完整的遗址，历史内涵丰富。我接触"周原"概念的时间算是早的。当年编辑《中国大百科全书·考古学》时，我负责商周考古分支，其中就有"周原遗址"的条目，分支主编张长寿先生时常到周原遗址考察，常讲起凤雏村、庄白村等地的最新发现。当时我已心向往之，没有想到这个愿望的实现要到40年后。

周人迁徙路线图

周原的形成及对周原的发现

这里所说的周原,其实有广狭二义,广义指今关中平原西部东西长70余公里、南北宽20余公里的区域,包括陕西凤翔、岐山、扶风、武功四县的大部分,以及宝鸡、眉县、乾县三县的小部分;狭义则指考古学上的周原遗址,即岐山、扶风两县北部交界处东西宽约6公里、南北长约5公里、总面积约30平方公里的区域。

周原,意思是周人的原野。周人是起源于中国西北地区的一个古老部落,始祖名弃,擅长农事,其母为有邰氏之女姜嫄。夏朝之时,其首领公刘继承祖业,并举族迁徙到豳地(今陕西旬邑西南)大力发展农业,周人力量得到长足的发展。商代晚期，古公亶父率领族人迁至周原，建立岐邑。经古公亶父、王季、文王三代的励精图治，周人日强，成为殷商"三分天下有其二"的强大诸侯国。公元前11世纪后半叶，周文王迁都丰邑，但周原仍是周人的政治中心，一些重大国事活动都在此举行，直至西周末年西戎入侵，周原的城市毁于兵火，才废弃不用。

周原的古物很早就被发现。西汉宣帝神爵四年（前58），这里发现"师臣鼎"，太中大夫张敞根据铭文，断定这是西周时的铜器。晚清时期周原地区出土青铜器数量惊人，铭文丰富，以"青铜器之乡"闻名于世，晚清四大国宝中的大盂鼎、毛公鼎就出于此，其他的重器，如大丰簋、大克鼎、小克鼎、卫鼎等也都是这里出土的。

20世纪40年代，中国考古学前辈石璋如先生就曾在这里进行考察，最早提出这一带就是古公亶父所迁之岐。20世纪50年代后期起，中国科学院考古研究所、北京大学、西北大学、陕西省文物管理委员会、陕西省考古研究院等单位先后在此调查、试掘，陆续发现庄白村窖藏、董家村窖藏等铜器窖藏。1976年起，文物考古部门对周原遗址进行了大规模的考古发掘，初步查明先周宫殿建筑（或宗庙）的遗址分布在岐山凤雏和扶风召陈两处。

进入21世纪之后，在周公庙遗址发现了迄今等级最高的西周贵族墓地、数量最多的西周甲骨，从而以翔实的资料证明周公庙遗址就是周公家族的采邑。后来又确定了周原遗址商周时期的功能区分布，并发掘岐山凤雏三号基址，在该建筑庭院中发现了当时的社祭遗存。

近10年来，对周原遗址核心区域内约20平方公里的范围进行了全覆盖式航拍；调查和钻探了周原遗址的水系遗存，并发掘扶风齐镇村东遗址，发现西周时期大型建筑、车马坑和墓地；又在周原遗址首次发现先周时期大型夯土建筑基址，对于确定周原遗址先周时期聚落性质十分关键。而最新的勘查证明，周原遗址的西周都城由宫城、小城、大城组成，还发现了记有"秦人"二字的甲骨，这是迄今为止对于秦的最早的文字记载。

周原遗址的规模与主要遗迹

考古工作证明，周原遗址是周王朝崛起和建立后最重要的遗址。遗址所处区域发现大量商代晚期的周人遗存和西周时期的城墙、宫殿、墓葬、水网系统、手工业作坊和青铜器窖藏等遗迹。其中商代晚期周人遗存的中心遗址，西周时期发展为周王朝最大的遗址，发现大小两处城墙、宫殿、铜器窖藏、手工业作坊、带墓道的贵族墓葬、水网系统、道路等早期城市的指标性遗存。

小城城墙位于周原遗址的西北部，始建于商周之际至西周早期，东西约1480米，南北约1065米，整体呈规整的长方形，面积约175万平方米。城址北、东、南三面有人工城壕，西面以溪流为壕。解剖西城墙,可见墙基宽12.5—13米。大城位于小城东南,建于西周晚期,基本包括了周原遗址的核心部分,东西约2700米,南北约1800米,形状规整,面积约520万平方米。西南城墙因取土破坏无存,其他部分还保存有断续的夯土基槽。位于召陈建筑基址东北的一段城墙基槽宽约10米,全面揭露后发现长17米、宽5.3米的门道,门道北侧有类似瓮城的结构,门道南侧城墙内外各发现马坑一座,可能是与城门有关的祭祀遗存。目前周原遗址已经发现的手工业作坊遗址有56处,其中成规模的有28处,包括铸铜、制陶、制骨、玉石器、角器、蚌器和漆木器作坊等,部分作坊的存续年代从西周早期一直到西周晚期,长达250多年。

城内的建筑基址以凤雏甲组建筑基址研究较为充分。这是一处由庭堂、室、塾、厢房和回廊组成的台式建筑遗存,面积1469平方米。房屋坐北朝南,以影壁、门道、中院、大厅、过廊、后室为中轴线,两边排列有东西厢房和耳房,其间都有回廊连接。屋脊和天沟处用瓦是我国迄今发现最早的瓦。墙面和屋内地面皆用黄土、沙土、石灰搅拌的三合土涂抹铺垫,质地坚硬光滑。檐柱和廊柱排列井然有序,门下有台阶通向院落。院内有阴沟排水管道。这种两进院的封闭式建筑,是我国目前发现最早的对称严密的四合院建筑形式,推测很可能是西周早期的太庙。

在扶风县召陈村发现的建筑基址共有15处,3处保存较为完整，经过发掘的F3夯土台基残高0.75米，东西长24米，南北宽15米，柱础成网状结构，直径达1.9米，可能是一座巍峨壮丽的宫殿建筑。

周原发现的周代祭祀遗址与凤雏基址相距仅数十米，为两座独立的夯土建筑基址。其中一座平面呈"回"字形，总面积约2600平方米。在其中部的长方形院落中部发现社祭遗存。其主体部分是一巨型社主石，截面呈"亚"字形，上部已残，仅存基座，埋入地下部分达1.68米；社主石的正南方是一东西宽4.2米、南北长4.6米的用自然石块垒砌而成的石坛；在社主石和坛的东侧发现多座祭祀坑。另一座呈长方形，位于前者的东南侧。这两个建筑从西周早期一直沿用到西周中期。有学者认为，文王迁都到丰镐以后，周原仍是都城，称为"周"或"宗周"，而丰、镐二城其实不过是文王、武王为征讨商朝而建立的前沿基地而已。

周原遗址的文物遗存

周原遗址不仅是周人灭商前的都邑，灭商后也持续发挥重要作用，是周文化最具代表性的遗址，文化内涵丰富，出土文物不仅数量多，精品也多，其中不仅有巧夺天工的青铜器、弥足珍贵的甲骨文、玲珑剔透的玉器，还有大量的陶器、蚌器、原始瓷器、生产生活用具、建筑材料等，全面地反映了3000年前周人的生产、生活习俗和政治、经济状况。

周原遗址出土了2000多件青铜器。这些青铜器涵盖酒器、水器、食器、乐器、炊器、兵器、工具、车马器、生活用具等大类，器形之大、造型之美、重器之多世所罕见，集中反映了西周时期的青铜艺术成就。周原出土青铜器一半以上有铭文，且多鸿篇巨制，是研究西周历史非常重要的文献。其中，铭文多达497字的毛公鼎是现存青铜器铭文中最长的一篇；大盂鼎铭文是史家研究周代分封制和周王与臣属关系的重要史料；散氏盘铭文内容为一篇土地割让的契约，是研究西周土地及其管理制度的重要史料。

周原遗址出土的商代晚期牺尊（左）与商末周初时期的附耳龙纹鼎（右）

　　周原遗址共出土刻字甲骨近300片，总字数1009个，有不同的单字360多个。每片甲骨字数多少不一，少则1字，多则30余字。其内容十分广泛，有殷周关系、卜殷王田猎、周初重臣人名和地名、周人和其他方国关系、月相术语和易卦文字等。

甲骨上刻辞字迹清晰、笔画刚劲有力，雕刻工艺精湛。其中一片仅2.7平方厘米大小的甲骨，刻字面积为1.7平方厘米，却刻有30多个字径不足毫米的文字，需借助5倍以上的放大镜才可辨认。

考古人员还在岐山贺家村发现一辆豪华的"青铜马车"，初步判断其年代为西周中晚期。这套四马驾辕的青铜车，在木制轮辋外包铜壳，车轮直径约1.4米、周长约4.4米、轮牙宽5.7厘米、厚1.9厘米，兽面纹车軎镶嵌绿松石，极为精美。这种马车为以往商周时期考古发掘所未见，也说明了周原在西周统治者心中的尊贵地位。

青铜盛宴说精华：访宝鸡青铜器博物院

结束了周原遗址博物馆的探访，我驱车直奔宝鸡，去访问著名的宝鸡青铜器博物院。宝鸡有青铜器之乡的美誉，今天国内各博物馆收藏的西周青铜重器很多都出自宝鸡，比如大克鼎（上海博物馆），大盂鼎、虢季子白盘、利簋（国家博物馆），毛公鼎（台北故宫）等。新建成的宝鸡青铜器博物院号称是中国最大的青铜器博物馆，我早已有心来此观瞻，今朝终于实现，怎能不欢忭舞蹈！

宝鸡青铜器博物院位于石鼓山上，建筑厚重敦雅，像五鼎配置的主体建筑有如城堡，加上高台门阙，颇令来访者产生朝拜之感。据介绍，博物馆建筑面积3.48万平方米，馆藏文物12000余件（组），其中一级文物120余件，包括何尊、折觥、厉王胡簋、墙盘、秦公镈等禁止出境文物。

馆藏青铜器的豪华阵容

宝鸡位于关中平原的最西端，扼八百里秦川之首，踞千里秦岭之要，不仅是周人兴起之地，也是西周京畿重地。周王朝的宗庙一直设在宝鸡，大多重要的祭祀、册命仪式等活动都在这里举行。周王朝持续达791年（前1046—前256），正处于我国青铜文明的鼎盛时代，这就使得宝鸡成为青铜器出土的命定重地。早在西汉时期，这里就出土青铜鼎。由西汉至晚清，宝鸡出土的青铜重器数不胜数。据不完全统计，宝鸡出土的青铜器迄今已有2万多件，仅馆藏者就达15000多件，约占陕西省青铜器馆藏数量的三分之二。有人说，天下青铜，半出宝鸡，这话一点都不夸张。

近几十年里，宝鸡屡屡发现青铜器窖藏。这些窖藏的主人都是周代的王公贵族，见于青铜器铭文的单氏、南宫氏、函皇父、善夫克、裘卫、伯多父、梁其、史墙等，都是在西周中央政府担任高官的贵族。种种迹象表明，西周时期，许多王公贵族在广义的周原一带拥有采邑，他们享受世卿世禄，采邑、官职、封地都是世袭，死后亦葬于此。然而有一天，他们因为某种原因，不得不离开这里，因而将心爱的青铜器埋入地下，期待他日还乡

宝鸡青铜器博物院馆藏青铜器

象尊

鱼尊

朕匜

刖人守门鼎

正鼎

重见，但只此一别便成永诀，留在今天成为绝世的史料和珍贵的文物。其中最典型的，就是庄白一号窖藏和杨家村窖藏。

在博物馆中徘徊，各种青铜器琳琅满目，时常会碰到闻名已久的器物，也会有令人眼前一亮的新奇造型。我个人甚感惊艳的，就有以下这些器物，如铭文提到"宅兹中国"的何尊、被称为簋中之王的簋簋、有"青铜法典"美称的朕匜、西周时期的盛酒器象尊和鱼尊、记载西周宗族土地纠纷的琱生簋和琱生尊、刖刑奴隶守门鼎，以及不少为商代晚期的青铜器。尤其是一些商代晚期的器物，其精美程度不下于商王朝统治中心地区出土者，反映出商代西陲的周人文化也很发达。

庄白一号窖藏

该窖藏位于扶风县庄白村，1976年，村民平整土地时发现，经扶风县博物馆发掘清理，出土青铜器103件。庄白村地处周原遗址中心区，窖藏平面呈长方形，南北长1.95米，东西宽1.1米，深1.12米。窖穴开口于耕土层下，打破西周晚期文化层，四壁经过修整。

窖藏发现后，考古工作者对窖藏周边进行了钻探及发掘。经发掘得知，窖藏南部有南北走向的柱础石，柱础周围文化层内含铜削、骨铲、绳纹瓦片、板瓦瓦片等遗物，可知窖藏应埋藏在当时的房屋附近。

窖藏铜器种类较多，有编钟、编铃、鬲、簋、盘、方彝、爵、鼎、簋、豆、觚、斝、尊、罍、瓿、觯等。其中有铭文的74件，铭文中涉及的作器者包括商、斿、陵、丰、墙、孟、伯先父等多人，时代从西周初期到晚期。这批有铭青铜器当中有50多件属于微氏家族用器，记录了微氏四代人的事迹，故此这批窖藏青铜器又被称为微氏家族青铜器窖藏或微氏家族铜器窖藏。微氏家族原来担任商朝贵族微子的史官，商朝灭亡之后继续担任周朝的史官。

墙盘是这批窖藏青铜器中的代表，器形宏大，制造精良，整体通高16.2厘米、口径47.3厘米、深8.6厘米，盘腹外附双耳，腹部饰垂冠分尾凤鸟纹，凤鸟有长而华丽的鸟冠。凤鸟纹象征着吉祥，是西周时期最富时代特征的纹饰。墙盘腹内底刻有284字铭文，歌颂了文、武、成、康、昭、穆、恭七世周王的主要功绩及墙家五代祖考的生平经历与重要事迹，其历史价值和文学艺术价值之高实属罕见。其铭文字体为西周时期的标准字体，字形整齐划一，笔式流畅，又是不可多得的书法佳作。

庄白窖藏出土的其他青铜器也很精美，比如出土21件之多的钟，博物馆里展出的4件甬钟都有铭文。所谓甬钟，是因最上面的平面"舞部"之上立有甬柱，区别于舞部上立有悬钮的钮钟，因而得名。

窖藏还出土8件大小、形制略同的簋，均由器身和器座构成，装饰有直棱纹，造型古朴典雅。簋是盛放煮熟的黍、稷、稻、粱等饭食的器具，商周时期，簋是重要的礼器，在祭祀和

庄白一号窖藏出土青铜器

折觥

墙爵

甬钟

墙盘及其铭文拓片

宴飨时常以偶数的簋与奇数的鼎配合使用，表示主人的地位和身份。这个窖藏出土8件一套的簋，表明其主人的地位很高。

庄白窖藏保存完整，未经破坏，铜器制作精良，对于西周时期家族形态研究具有重大意义。微氏家族的铜器铭文为研究西周历史，如昭王南征、周代礼法制度、商周谥法等都提供了直接的参考，也极有益于铜器、世系等的断代。

杨家村铜器窖藏

杨家村窖藏位于陕西省眉县马家镇杨家村。2003 年1月19日中午，杨家村5位村民到村后的山崖上取土，挖出了一个保龄球大小的洞口，借着阳光往里看，发现里面泛着绿光。他们意识到底下有宝贝，立刻上报。省考古部门闻讯进行发掘，发现这处青铜器窖藏为一长方形竖穴连接一个大致呈圆形的龛。竖穴为南北向，长4.7米、东西宽2.5米，穴底距地表7米。竖穴自深2.5米，南部的龛底径为1.6—1.8米，高1.1米。竖穴与龛的连接处用夯土密封，27件青铜器放在龛内，保存良好。

窖藏出土青铜器27件，计有鼎12、鬲9、壶2、盘1、匜1、盉1、盂1。考古专家考证，这27件青铜器的主人名叫"逨"，因此，27件青铜器就被命名为逨鼎、逨壶、逨盘等。这批窖藏青铜器为西周单氏家族所有，件件有铭文，计有4048字。其中逨盘铸铭372字，是新中国成立以来发现的西周青铜器铭文最长的一件，记载了单氏家族八代人辅佐西周十二位天子管林治泽、治国理政的历史，包括讨伐商纣、远征猃狁、讨伐荆楚等重大历史事件。逨是西周宣王时期管理林业的官员，这是西周人记录的西周王室世系，其顺序与《史记·周本纪》全然一致。逨盘铭文还记述了单氏家族从皇高祖单公到逨的八代人，又是中国第一部完整的家族史。单氏家族是西周时期居住在京畿之内的姬姓显族，杨家村一带应是其最初封邑。

青铜器中的逨鼎也很重要。四十二年逨鼎铭文记载，周宣王四十二年（前786）五月上旬的一天，单逨得到周宣王隆重的册赏。在太庙大殿内，宣王对单逨说：你的先人们辅佐历代先王，为国家立下了汗马功劳，我没有忘记。你勤勉于征战，也不曾辜负我对你的信任。

他赏赐给单逨一卣祭祀用的香酒和两处肥沃之地的良田。单逨将这次册赏铭刻在鼎上。四十三年逨鼎记宣王四十三年，单逨被册命为司厉（相当于监察官），册赏现场宣王对他谆谆教诲，告诫单逨施政办事的原则，如不可贪图安逸、要公平无私、明辨是非等。单逨又将这次加官进爵和周王的教诲用319字记录在鼎上。

杨家村窖藏是21世纪中国考古重大发现之一，宝鸡青铜器博物院甚至把一个展厅都设计成杨家村窖藏的方式，可谓对其极为重视，值得反复观赏。

四十三年逨鼎及铭文拓片

强秦西来：说秦都雍城

宝鸡是我此次陕西之行的最西之点，按我早先设定的路线，宝鸡之后，就要折而向北、踏上归程了。看完宝鸡青铜器博物院之后，我稍事休息，就向北直奔凤翔。凤翔不仅是归途上的第一站，更重要的，是这里有春秋战国时期秦国的都城雍城遗址，还有著名的秦公一号大墓博物馆，所以是必须要停留打卡的。

战国晚期，强大的秦国击败关东六国，建立起大一统的国家。秦国的强势从何而来？它如何从一个西陲的小国发展为令诸侯恐惧的势力？其中的答案当然要从秦国的早期史迹去寻找，而雍城是其中一个关键的环节。

秦雍城的规模与内涵

早在1933年，徐旭生、苏秉琦及石璋如等学者就曾在凤翔做雍城考古调查。新中国成立后，雍城的文物考古工作成果累累。1959年春，中国科学院考古研究所渭水队在雍城发现了南古城秦汉遗址。1976年，陕西省雍城考古队通过调查发掘，基本弄清了雍城的位置、面积、布局，为秦国早期历史和秦国考古的研究提供了大批资料。21世纪以来，对城址区的全面调查取得突破性认识。

经过80余年的考古工作，确认秦雍城相关遗存的分布范围约51平方公里，由城址、秦公陵园、国人墓葬区和郊外祭祀遗址、秦汉行宫建筑遗址构成。雍城遗址位于今陕西凤翔县城之南、雍水河之北，平面呈不规则方形。

雍城遗址发现的建筑基址有20多处。铁沟宫殿区在雍城北部，面积约4万平方米，出土战国早中期鹿纹、"奔兽逐雁"纹瓦当，可能是秦雍城的"受寝"。朝寝的北部有"市"的遗址。姚家岗春秋宫殿遗址位于雍城中部偏西，可能是雍城的"高寝"，面积约2万平方米。夯土台基破坏严重，发现有残墙、白色卵石铺成的散水等。这里先后发现3个窖藏，所出物品都是铜质建筑构件，共64件，有曲尺形、楔形、方筒形、小拐头等，往往饰有蟠螭纹等精美的纹饰。

马家庄春秋建筑遗址位于雍城中部偏北，可能是雍城的"太寝"，总面积在数万平方米以上。1号建筑群占地约7000平方米，整个建筑群坐北朝南，四周有围墙，北部居中为祖庙，左侧为昭庙，右侧为穆庙。在中心空地即"中庭"发掘各类祭祀坑181座，有人坑、牛坑、羊坑和车坑，有的车辆上还嵌镶有黄金饰件。1号建筑群与史籍所载诸侯宗庙布局大体相同，当是秦公祭享祖先的宗庙。3号建筑群在1号建筑西约500米处，面积逾2万平方米。建筑布局规整，四周有围墙，由南至北可分为5座院落、5个门庭，推测当是寝宫所在。

此外，城中还有蕲年宫遗址、棫阳宫遗址和凌阴遗址等重要的遗址。

秦雍城遗址内文物以陶器为主，建筑遗址周围有大量的板瓦、筒瓦、瓦当和砖。姚家岗出土的64件青铜建筑构件造型与规格几乎完全一样，其高度为16.6厘米，长度为44厘米，宽度为12厘米。该类青铜器在古书中的名字为"金釭"，是一种专门用来连接木材的构件。在榫卯技术未发明之前，我国古代木质建筑就使用这种"金釭"相连接。

秦公陵园与祭祀遗址

以秦公陵园为主的墓葬区位于雍城南郊的三畤塬（春秋时期称北塬）上，面积约21平方公里，周围有外隍环绕。陵园内发现有18座双墓道大墓，3座单墓道大墓和若干中小墓葬。1号陵园规模最大，自南向北排列着2座双墓道大墓及1座单墓道大墓，秦公一号大墓即在其中。

已经发掘的秦公一号大墓有东西墓道和墓室，平面呈"中"字型，全长300米，面积5334平方米，是中国迄今发掘的最大的先秦墓葬。墓内有186个殉人，是中国自西周以来发现殉人最多的墓葬；椁室的柏木"黄肠题凑"椁具，是已发掘周、秦时代最高等级的葬具；椁室两壁外侧的木碑是中国墓葬史上最早的墓碑实物。

椁室内的椁具是用柏木枋垒砌而成的长方形木屋，其间有门相通。长14.4米、宽高各5.6米的主椁是安放秦公遗体之处，四壁及椁底均为双层柏木枋，椁盖则是三层。中部一道单层枋木垒砌的隔墙将主椁分为前后两室，这种布局应该是仿照墓主生前居所"前朝后寝"的样式。这些规整的枋木均由柏木材心做成，长度分为5.6米和7.3米两种，每根的横截面都是边长21厘米的正方形，两端中心有21厘米长的榫头，重逾300公斤。按照周礼，这种棺葬方式就是后代所称的"黄肠题凑"，是周朝天子的丧葬规制。

椁室及殉人平面图　　　椁室的黄肠题凑

石磬（左）及铭文（右）

　　秦公一号大墓发掘中发现有247个盗洞，说明历史上遭到严重盗扰，但仍出土了3000余件珍贵文物，其中最重要的是刻有290多个篆文的石磬，刻文中有"天子郾喜，共桓是嗣"

"高阳有灵，四方以暠"的内容。"共桓是嗣"说的是共公和桓公的继承人，按秦公世系，桓公的继承人是景公。发掘者据此推断墓主人为秦景公，是秦国第14代国君，秦始皇的第18代先祖。

秦人十分看重祭祀，先秦时代秦国的国家级祭祀活动基本都是在雍城举行。秦献公将都城东迁之后，秦国祭祀天地及五帝的畤和祭祖的宗庙仍在雍城，当时诸多的重要祀典如秦始皇加冕典礼仍在雍城举行，因此其原有部分都城设施仍被修缮与利用。21世纪以来，考古工作者在以雍城遗址为中心的关中西部相继发掘一组规模宏大、保存良好的秦汉国家祭祀遗址群，如在位于雍城西北郊外的雍山上发现的血池村"畤"的遗存。

血池遗址是与古文献记载吻合的时代最早、规模最大、持续时间最长，且功能结构趋于完整、性质明确的国家大型"祭天台"。其面积达470万平方米，包括雍山夯土台、血池祭祀坑、北斗坊祭祀坑、道路、建筑、兆域等多处重要遗迹，文化内涵十分丰富。以血池遗址发掘为契机，还通过对周边相关遗址的延伸调查，确认沿雍山山梁向东，每隔若干距离，在制高点均有烽火台。这一发现为进一步探索古文献关于祭祀场地与京城之间"通权火"提供了参考。

春秋战国数百年间，秦人在雍城设立了四个重要祭祀场所，即雍四畤。秦始皇于咸阳称帝后，雍四畤仍旧是秦帝国国家祭祀场所，而且始终是级别最高的祭祀场所。西汉初年沿用

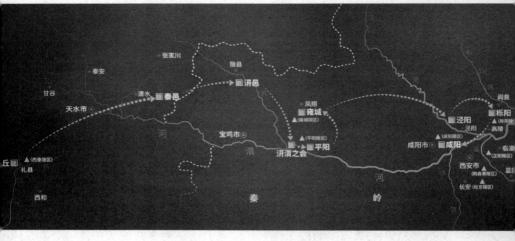

秦人东进路线图

了秦的祭祀设施和祭祀制度，直到汉武帝时期，汉朝廷一直是在雍地举行国家祭祀活动。

秦都雍城的意义

据《史记·秦本纪》，秦人始祖为东夷嬴姓之国，武王伐商后被迁到西陲之地西犬丘（今甘肃礼县）。西周中期，嬴族首领的一个儿子非子为周孝王养马有功，被封于秦邑（今甘肃天水市清水县、张家川县一带），成为周王室的家臣。西周晚期，犬戎崛起，非子一系号为秦嬴，攻打并击败犬戎，到秦襄公时，出兵护送周平王东迁洛邑，被周平王列为诸侯，秦国始立国。此后到始皇帝于咸阳建都，秦国曾先后八次迁都。前678年，秦武公去世，其弟继位为德公。秦德公将国都迁至雍，即今天的陕西省宝鸡市凤翔区。雍城自德公元年（前677）至献公二年（前383），294年中一直是秦国的政治、经济、军事、文化中心，是建置时间最长、功能设施最为完备的正式都城。经过19位国君的苦心经营，秦国也从弱小的部族发展为强大的诸侯国。

雍城靠近西周故地，秦武公（前697—前687）时已在此修大郑宫，又于雍岭上建离宫。以雍城为都城，是因其城北和西北边有高山围绕，东南有河流为屏障，有优越的军事防御条件。雍城是典型的单垣式城郭，环城只有一道城墙，没有内城，这是跟其他诸侯国不同的地方，也体现了秦人的个性。

春秋时秦国的雍城已经是一座成熟的综合性都城，在秦国的发展历史上地位极为重要。秦国迁都雍城，目的是东进、逐鹿中原，证明此时的秦国已经有能力与中原大国较量，秦国统一六合的基础也从这里奠定。据考古调查，雍城内共有8条主干道，分别为横向、纵向各4条，宽度为8—10米不等，均匀地将城内分为25个区域。雍城之内有相当豪华的宫殿。史载戎族首领在秦穆公时到达雍城，曾感叹道："使鬼为之，则劳神矣；使人为之，亦苦民矣。"

雍城是秦国人"虎狼精神"的发源地。到春秋晚期，秦国已在雍城雄踞百年，国力也日渐强大，秦景公死后使用黄肠题凑葬式，可见其已经不满足于诸侯的身份。秦景公墓出土的极为精美的金器、玉器等，充分反映出秦人高超的工艺水平和丰富的物质文化生活，否定了"秦国生产力落后""秦国奴隶制统治薄弱"等认识，令人们明白，战国晚期，秦军强大的战力、秦国的战争动员能力是以雄厚的经济实力为基础的，而这种实力正是自雍城以来秦国历代国君励精图治、发展经济、扩张版图的结果。

芮国古史何处寻：访韩城梁带村芮国博物馆

结束了凤翔的访问，在归程上我还有两处陕西的地点要作停留，第一站是铜川，第二站是韩城。之所以要在铜川停留，是为了访问耀州窑相关遗迹以及耀州窑博物馆。我在大学时期学习隋唐考古，得知耀州窑是北方青瓷的代表，在唐代，耀州就是中国青瓷烧制的著名产地，宋代更进一步达到鼎盛，有"巧如范金，精比琢玉"的美称。铜川位于陕西中部，地处关中平原和陕北高原的交界地带，平时很难专门到访，这次正好在宝鸡回京路上，机会难得，必须要看。

然而，世上不如意事十常八九。在凤翔往铜川的路上，得知耀州窑博物馆处休业状态，这可太令人失望了！但也没有办法，见时间还早，我果断决定直接奔赴韩城。由铜川至韩城，公路距离有两百多公里，沿陕北高原的南缘一路东行，只用了两个来小时。见时间还早，我直奔梁带村的芮国博物馆，开始了这里的探访。

韩城是陕西省的一个县级市，位于关中盆地东北隅、南流黄河的西岸，东与山西省的河津隔河相望。此地夏、商时期被称为"龙门"，西周称韩国，后为梁国，春秋战国时灭于秦，称少梁邑。秦惠文王十一年（前327）置夏阳县，隋开皇十八年（598）改称韩城县，其后有多次变更，后唐明宗天成元年（926）复名韩城县。2005年，在韩城市区东北的梁带村发现两周时期芮国高级墓葬群，为韩城历史增添了新的内容，也引起了我的极大兴趣，故此在这次陕西之行中，将其作为探访的最后一站。

由盗墓贼引发的惊世发现

梁带村隶属韩城市昝村镇，位于市区东北7公里黄河西岸的台地上，紧临黄河。2004年秋冬之际，梁带村的村民发现有不少陌生人在村北的农田里钻探，并进行爆破，他们觉察到这些人可能是盗墓者，立即向文物和公安部门报告。警方立即出动，盗墓分子被悉数抓获。陕西省文物部门对此高度重视，立即派遣专业考古人员前往查看。经过勘查确认，梁带村遗址分墓葬区和居址区两个部分。墓葬区居于梁带村北，居址区位于墓葬区的东、北部。在东西长600米、南北宽550米的墓葬区范围内，共发现两周墓葬1300余座。分析墓群的平面布局，此墓地当为两周时期的邦墓区，即诸侯国的公共墓地。

由于这处墓地没有被盗掘，所以陕西省考古部门立即开始抢救性发掘。经过5年工作，发掘7座大墓以及百余座中小型墓。根据7座大墓的分布情况，这些墓葬可分为五组，应为祖孙五代。

编号为M27的为"中"字形大墓，南、北两条墓道及墓室总长达60米，墓中发现大量的青铜器和象征墓主高贵身份的金剑鞘，还有龙纹镂空环、泡、扣等金器。随葬的7鼎6簋放在非常显眼的位置。该墓是此处墓地墓主身份最高者。

M26带有一条墓道，呈"甲"字形，葬具为一椁两棺。其随葬器物颇为丰富，有厚重古朴的青铜礼器、精致小巧的青铜弄器、工艺精湛的玉器组合等。500余件（组）奢华精美的玉器，既包括年代久远的红山文化玉猪龙，也有商代的玉戚、玉戈，由此体现出墓主人生前的地位。

M19也为"甲"字形大墓，墓道长26米、宽4米，墓室中有一椁两棺，外棺顶放置着4只片状青铜仪仗用器，棺室内壁用席子和织物覆盖装饰，四周垂挂着青铜鱼、玛瑙珠、陶珠、石坠或海贝等组成的串饰。棺椁之间放置着青铜鼎、簋、方壶、盘及4件带铭文的青铜鬲，青铜鬲上可见"内（即芮字）太子"、"内（芮）公"的字样。

梁带村芮国墓葬的横空出世，填补了两周时期诸侯国芮国的历史空白。因其规模大、级别高、布局完整、保存完好，被公布为"2005年全国十大考古新发现"之一。

精美的芮国文物

梁带村芮国墓地出土金、玉、铜器等各类随葬品共计2.6万余件（组）。其中珍贵文物有3000余件（组），70多件为首次发现的文物，包括镶金玉韘、纯金剑鞘、青铜錞于、龙形镂空金环等，堪称国家宝藏。

梁带村27号墓的随葬品包括各种金器、玉器和铁器，其棺内西区是车马器、漆木、漆箱饰件，东区是7鼎6簋等青铜礼器和10件套的乐器石磬，东北部摆放着成套的漆木建鼓、青铜编钟、錞于和钲。墓主身上的佩饰更是奢侈，躯干部分佩挂有金剑鞘、金环、金韘、金三角形牌饰、金龙、金泡等金器48件。

27号墓主人佩戴的玉器和饰物计有面饰1组、颈饰4组、腕饰3组、握饰2组。这些玉器的加工工艺都相当有难度，反映了当时的玉器制作水平。在组玉佩饰中，七璜联珠是由7件商代与西周时期的玉璜、1件圆形龙纹玉佩和953颗玛瑙珠共同组成，在璜与璜之间用三排玛瑙珠连接，复原长度为105厘米。其中的人龙合雕璜尤其精美，堪称西周中期高超琢玉工艺的代表性作品。

26号墓出土5鼎4簋，簋盖内侧均铸有"中（仲）姜作为桓公尊壶"的字样。出土的玉器除了各种珠串饰物外，还有一串由38颗煤精石龟形珠、14颗煤精石圆珠和2件造型各异的龙形觿玉佩饰组成的煤精石串珠，表明古人在两千多年前就懂得把煤精石当作饰物。

28号墓出土的方壶高50厘米，器形精美，器身满饰缠绕龙纹；同墓出土的铜盉高26厘米，柄、盖、流处分别铸有虎、龙造型，两个侧面以对称的龙首为装饰，两只龙角之间为一个简化的牛首，都是前所未见的艺术珍品。

梁带村墓地还有一个重要发现，这就是以俑殉葬。随葬的木俑出土于502号墓，共4件，分别站立于墓室四角，最高的两件有1米多。它们是用整块木头雕出头部与躯体，再以榫卯结构连接手臂和足部，并用黑色和红色颜料绘出头发、皮肤、衣服、鞋子等。这些木俑的发现，填补了西周以俑殉葬的考古空白，具有重要意义。

由此打捞消逝的芮国历史

芮国的存在很古老。《诗·大雅·绵》中有"虞芮质厥成，文王蹶厥生。"《史记·周本纪》中有"于是虞芮之人有狱不能决，乃如周。入界，耕者皆让畔，民俗皆让长。"是说虞国和芮国有人曾因争地兴讼，到周国求西伯姬昌评判，进入周的地界，耕种的人谦让地界、民众都尊重老人，因而羞愧地不再争讼。关于芮国的地望，一说位置在山西省芮城县，另有说在陕西省大荔县朝邑镇南。

公元前11世纪，周武王把卿士芮良夫封在芮邑，但并不能算是诸侯。 周成王在位时芮国为诸侯、国君被称为芮伯，曾在周王室担任司徒之职。《左传·桓公三年》有关于芮国的记事："芮伯万之母芮姜恶芮伯之多宠人也，故逐之，出居于魏。"是说春秋初期的芮伯姬万德行不正，其母亲将其赶走，更立新君，姬万出奔到魏国。《左传·桓公四年》则有"秋，秦师侵芮，败焉，小之也"，是说来侵的秦军为芮国所败。但同年冬天，在周王室的主持下，周、秦、虢合军，包围了姬万出奔所居的魏国（今山西芮城），消灭芮国内部势力，扶立姬万。不久后芮国就被秦穆公灭亡，具体时间则有秦穆公二十年（前640）和秦穆公二年（前658）两说。

芮国被灭亡，不见于史乘，其国的器物却屡有发现。北宋时，陕西同州（今大荔县）一农民在黄河打鱼时，发现沙土中的一件青铜器，便将其捡回来，献给皇帝。这件青铜器后来被定名为"芮公簋"，图像被北宋金石学家吕大临收入《考古图》中。到清代，各类史籍中收录的带有"芮公"和"芮太子"铭文的芮国礼器多达26件，但均无出土地点。

而今在梁带村大墓中出土了带有"芮"字铭文的铜器，如"芮太子"（19号墓），"芮公""芮太子白""中（仲）姜作为桓公尊鼎"（26号墓），"芮公作为旅簋"（27号墓）等，说明梁带村墓地为芮国之人的墓地。《左传·桓公三年》有关"芮姜"的记述，表明姬姓的芮国国君与姜姓（齐国）通婚。26号墓铭文"中（仲）姜作为桓公尊鼎"，这里的"桓公"应即芮公，则"中姜"即是"芮姜"。如果26号墓的墓主是"芮姜"，27号墓的墓主"芮公"就是"芮桓公"。这个发现可以同《左传》相印证，证实了芮姜在芮国的尊贵地位。

发掘资料证明梁带村是芮国西周晚期至春秋早期的遗址，那么芮国是从何处而来、后来又去哪里了呢？其来处，也就是

M27出土文物

七璜联珠组玉佩

黄金剑鞘

玉牌组合项饰

鹰首镶金玉韘

编钟和编磬

M26出土文物

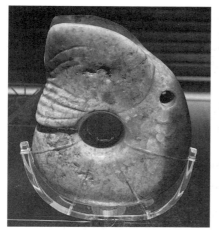

红山文化玉猪龙

煤精组合项饰

仲姜壶

M19出土的芮太子鬲及铭文

西周时期的芮国遗迹还没有发现，但考古人员在陕西省澄城县王庄镇刘家洼村西发现的刘家洼遗址已经证明是芮国春秋中期的都城和高等级墓葬区。

刘家洼遗址发现了和梁带村M27级别相似的两座"中"字形大墓，应为两代芮国国君墓葬。那里还发掘出城址，确定是芮国后期都城所在位置。出土的大量珍贵文物，特别是带有"芮公""芮太子"铭文的铜器，确定了刘家洼为芮国后期墓葬所在地，其年代上接梁带村芮国遗址，下迄被秦所灭，填补了芮国后期历史的空白，为研究东周时期关中东部诸侯国的存灭提供了绝佳的资料。

陕西宝鸡出土的商代晚期青铜器单父丁卣

陕西扶风庄白1号窖藏出土的西周时期兴簋

陕西韩城梁带村芮国墓地出土文物

春秋时期龙纹铜盉

春秋时期镂孔方盒(弄器)

陕西西安汉长安城遗址出土文物

四神瓦当（自上至下依次为玄武、白虎、青龙、朱雀）

斯基泰风格的金饰牌

金饼

陕西扶风法门寺塔基出土文物

鎏金纹银茶碾子

鎏金银捧真身菩萨像

鎏金四天王顶银宝函

六臂观音纯金顶宝函

金筐宝钿珍珠装纯金宝函

素面顶银宝函

鎏金如来说法顶银宝函

金筐宝钿珍珠装琉璃石宝函

宝珠顶单檐四门纯金塔

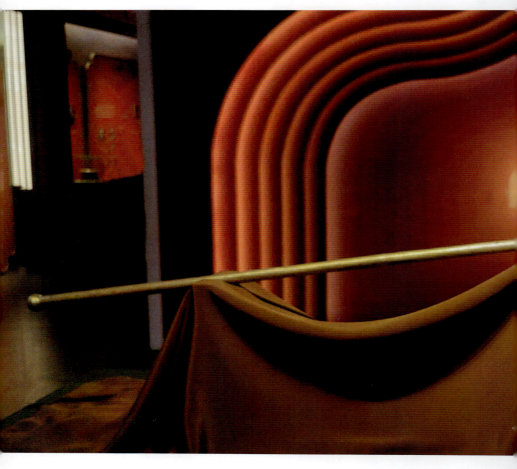

迎真身金花十二环银锡杖

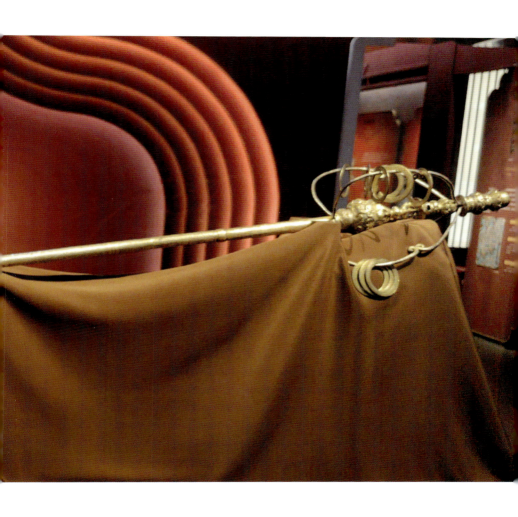

鎏金仰莲瓣圈足银碗

鎏金羯摩三钴杵纹银阏伽瓶

陕西乾县唐永泰公主墓壁画 | 宫女图

陕西乾县唐章怀太子墓壁画 | 观鸟捕蝉图

陕西乾县唐永泰公主墓出土的骑马彩绘乐俑

古代遗迹和地上文物索引（依时代先后）

后 记

本书是《寻迹古中国》的第二本。《寻迹古中国》由上海三联书店出版后，引起了很多讨论，得到了广大读者的喜爱，因此有了这个"第二季"的登场。我在本书第一本的前言中已经交代了我同考古的缘分，以及写作这些文字的缘起，因此这里就不必再放个前言了。但我感到仍需要有一个后记，一是要做一些说明，二是为了感谢。

需要说明的是，陕晋豫地区的访古文章其实有47篇，但集成一册后字数过多，因此删去了介绍寺庙等地上文物的七篇和单纯介绍耀州窑瓷器的一篇，现有内容更侧重于地下考古的"考"，并可多放一些图片，达到更好的阅读效果。

至于感谢，当然首先要感谢的是各地的文物考古工作者，尤其是山西、河南、陕西的考古工作者，正是由于他们的不懈努力，才能给我们提供这么多的发掘和研究成果，有这么丰富的文物古迹可以瞻仰观赏。

我特别要感谢陕西省秦始皇陵博物馆前馆长吴永琪先生、河南省古建研究所前所长张玉石学兄的支持和帮助，他们两位不仅为我提供了陕西、河南的重要遗址博物馆的情况，在我到达河南、陕西时，还为我的考察进一步提供方便，张玉石兄更陪同我实地考察郑州商城。我还要感谢考古界的学者朋友，因为在我的文字中使用了太多的简报、报告、论文的研究成果，却无法一一列出出处，只好在这里一并表示感谢了！

我仍要感谢《文博时空》公众号的编辑。是《文博时空》的园地，使我得以重续考古的前缘，完成一篇篇的访古文章。正是由于有她们的支持和鼓励，我才有继续写下去的动力，有比较长远的规划。

我还要感谢上海三联书店。本书的第一季出版后，责任编辑匡志宏女士和负责本版书发行的王建先生付出了很多心血，对于第二季，匡女士也提出了很多中肯的修改意见，使本书更具可读性。出版社的支持是我努力做好自己的工作最大的动力。

王巍师兄为本书第一季所做的序言在第二季仍然要冠于书前，因此还要对王巍师兄的支持表示感谢。

最后还要重复一句，这本书不是学术性的著作，也不是文学性的散文。我在本书第一季的推广语中，称自己是"考古老学生"。是啊！40年后，我的专业已经荒废、知识已经陈旧，所以当我看到一个值得介绍的考古发现时，我首先是自己学习，搞清其文化内涵和学术价值，然后再尝试用比较通俗的文字写出来。这是我个人的一点努力，能否达到读者要求，还需要大家的批评指导。两年来，我看到各地的博物馆里有了更多的观展者，我也希望自己的这本书有更多的读者喜欢，如此则我也有将这项工作继续做下去的动力。

翟德芳

2025年1月20日